U0841690

# 〔道光〕大洪山志

〔清〕郝謙　高福滂　纂

荊楚文庫編纂出版委員會
湖北人民出版社

# 〔道光〕大洪山志

DAOGUANG DAHONGSHAN ZHI

圖書在版編目（CIP）數據

〔道光〕大洪山志 / 〔清〕郝謙，高福滂纂．
武漢：湖北人民出版社，2021.12
ISBN 978-7-216-10308-4

Ⅰ．道…
Ⅱ．①郝…②高…
Ⅲ．山－地方志－湖北－清後期
Ⅳ．K928.3

中國版本圖書館 CIP 數據核字（2021）第 205041 號

責任編輯：陳　典
整體設計：范漢成　曾顯惠　思　蒙
美術編輯：董　昀
責任校對：范承勇
責任印製：王鐵兵
出版發行：湖北人民出版社（中國・武漢）
地址：武漢市雄楚大道 268 號
電話：(027)87679656　郵政編碼：430070
録排：武漢偉創偉業廣告有限公司
印刷：湖北新華印務有限公司
開本：787mm×1092mm　1/16
印張：45.5
字數：630 千字
版次：2021 年 12 月第 1 版　2021 年 12 月第 1 次印刷
定價：248.00 元

ISBN 978-7-216-10308-4

## 《荆楚文库》工作委员会

主　　任：王瑞連

副 主 任：王艷玲　許正中　梁偉年　肖菊華　尹漢寧

　　　　　郭生練

成　　員：韓　進　陳　亮　盧　軍　陳樹林　龍正才

　　　　　雷文潔　趙淩雲　謝紅星　陳義國

辦公室

主　　任：陳樹林

副 主 任：張良成　陳　明　李開壽　周百義

## 《荆楚文庫》編纂出版委員會

主　　任：王瑞連

副 主 任：王艷玲　許正中　梁偉年　肖菊華　尹漢寧

　　　　　郭生練

總 編 輯：章開沅　馮天瑜

副總編輯：熊召政　陳樹林

編委（以姓氏筆畫爲序）：朱　英　邱久欽　何曉明

　　　　　周百義　周國林　周積明　宗福邦　郭齊勇

　　　　　陳　偉　陳　鋒　張良成　張建民　陽海清

　　　　　彭南生　湯旭巖　趙德馨　劉玉堂

## 《荆楚文庫》編輯部

主　　任：周百義

副 主 任：周鳳榮　周國林　胡　磊

成　　員：李爾鋼　鄒華清　蔡夏初　王建懷　鄒典佐

　　　　　梁瑩雪　黄曉燕　朱金波

美術總監：王開元

《荆楚文庫·方志編》編纂組

組　長：劉偉成　陽海清（執行）

副組長：劉傑民（執行）　王　濤　謝春枝　郝　敏　嚴繼東

　　　　范志毅（執行）

參編人員（以姓氏筆畫爲序）：

王　濤　李云超　宋澤宇　范志毅　郝　敏　柳　巍　馬盛南

陳建勛　夏漢群　梅　琳　陽海清　彭余焕　彭筱澂　楊　萍

楊愛華　劉偉成　劉傑民　劉水清　謝春枝　戴　波　嚴繼東

編　審：周　榮

顧　問：沈乃文　李國慶　吴　格

# 出版説明

湖北乃九省通衢，北學南學交會融通之地，文明昌盛，歷代文獻豐厚。守望傳統，編纂荆楚文獻，湖北淵源有自。清同治年間設立官書局，以整理鄉邦文獻爲旨趣。光緒年間張之洞督鄂後，以崇文書局推進典籍集成，湖北鄉賢身體力行之，編纂《湖北文徵》，集元明清三代湖北先哲遺作，收兩千七百餘作者文八千餘篇，洋洋六百萬言。盧氏兄弟輯録湖北先賢之作而成《湖北先正遺書》。至當代，武漢多所大學、圖書館在鄉邦典籍整理方面亦多所用力。爲傳承和弘揚優秀傳統文化，湖北省委、省政府決定編纂大型歷史文獻叢書《荆楚文庫》。

《荆楚文庫》以『搶救、保護、整理、出版』湖北文獻爲宗旨，分三編集藏。

甲、文獻編。收録歷代鄂籍人士著述，長期寓居湖北人士著述，省外人士探究湖北著述。包括傳世文獻、出土文獻和民間文獻。

乙、方志編。收録歷代省志、府縣志等。

丙、研究編。收録今人研究評述荆楚人物、史地、風物的學術著作和工具書及圖册。

文獻編、方志編録籍以一九四九年爲下限。

研究編簡體横排，文獻編繁體横排，方志編影印或點校出版。

《荆楚文庫》編纂出版委員會

二〇一五年十一月

# 前言

《〔道光〕大洪山志》十二卷，清郝謙、高福滂纂，清道光十四年（一八三四）刻本。

郝謙，清德安府人，儒學生員。高福滂，湖北隨州人，增生。

大洪山，又名湏山、洪山。位於湖北省中部偏北、漢水及其支流湏水間，其同名主峰在隨州市西南部。《水經注》：『大洪山，在隨郡西南，竟陵東北……湏水出於其陰，亦謂之湏山。』《讀史方輿紀要》：『山高險，四面陡絶，上有田疇，中襟大湖，一名大湖山。』《中國古今地名大辭典》：『大洪山或以山中有大湖而名。』

大洪山有志始於明嘉靖，其時工部侍郎顧璘督修顯陵，期間曾纂修志書，然其志不久便已失傳。至清康熙初，有京山人趙如鼎纂星野、山水、物産、靈異四篇，又有大洪山萬壽寺方丈釋萬慈輯源流、藝文，此二人之作合爲五卷而成山志。其後歷一百六十餘年，至清道光年間，萬慈所修山志僅存書而無板，且其間事迹增多，有淹没之可能。德安府儒生郝謙曾與高福滂考論事迹，欲續修志書而未果。道光十一年（一八三一），萬壽寺僧人本嶷携舊志拜見高福滂之叔高木齋，以志事托之。高木齋酌定體例，囑郝謙編纂志書，并令高福滂參與此事。高福滂遂取藏書，并諸子所搜羅，與郝謙『採擇而論著』。其間有該地居民與衆寺僧捐資相助，是志得以成書，於道光十四年付梓。

志分十一門：景圖、援証、山水、古蹟、形勝、建置、人物、法派、藝文、物産、雜識。卷一列捐貲姓氏，凡例之外，另有重修大洪山志博請採訪小啟、採訪欵目與考據書目，説明修志依據和原則。凡例非常注重對史實的考訂，規定凡志所載皆必須與大洪山相關，入志内容或考之典籍，或得之見聞，不登存疑者，舊志與州志所涉舛誤亦予以糾正。除藝文一門收録舊志外，其餘十門皆爲新撰，故是志『雖曰重修，實爲創始』。編纂者認爲，山志異於邑、州志，凡山、水、物産必詳載源流、形狀等，而非僅記其方位、名目。人物入傳者，其出身詳細記至某鄉某屯，入志範圍限於山麓六十里内，以免所涉過泛。藝文所録舊志内容有所删汰，若某作者僅有一詩見載，則不論其質是拙是工，皆保留以免淹没。

大洪山佛教歷史悠久，佛寺衆多，該地志事常見僧人住持或參與。是志因僧人請托發起，纂修名單中亦有僧衆在列。第八卷法派專門以傳記形式記載佛教事迹與僧人活動，是爲該志特色。

是志現有道光十四年刻本藏於湖北省圖書館。該藏本卷十缺第十九葉、第五十六葉。本次據此藏本影印。

（彭筱澂）

# 目録

# 大洪山志序

高君孝亭，予故人蘭圃先生子也，寓隸京師。以所輯大洪山志屬余勘定，且乞言以冠其首。憶少時讀書於郢，距洪山百里而近，其峰巒崎窈，遊往因林巒參差，歸是於墟間標識而經涉。以未及登覽其勝。繹嗣後備員史節，蘭圃以明經教習官學者，得擢晉秩西酣互熱迦余識洪山甚詳，係僅百里外望得其絲縷之廿有蘭圃予世第十餘年，余宦轍久露纏會遊其幽絲

今夫尋乃得按覽者亦享之書於數子星列其體
晰究藝者據精博足以饜儒雅之觀覽備輶乘
之採擇視葛稚川之記楷皋康劉山之志表述
古今乃未必其事相及也余發生吾里登此山
見山川之勝概建置之廢興仙佛之鐘靈物產
之珍異以及名賢之蹟𢇍暴之事與夫古今全
詞之文屬騷流覽之餘靡不於几席間得之又
何必攜高躋險負遊其地而始足快心斯志也
與斯山爭不朽焉竟陵後學楊輝丹林隸

# 大洪山志序

大洪之有志也昉於前明顧東橋先生再輯於
國朝釋萬蕊顧志今無傳本萬蕊之書僅存而體製未符門類多缺未可爲全書焉郝君益菴吾鄉博雅士也嘗與予考論寺跡訪搜新志而未果辛丑冬萬壽寺僧本巍攜舊志謁吾叔木昷先生乞加增修先生諾其請酌定體例屬益菴

編纂而命福濤參其事余自維謭陋寡能爲後念先世居洪麓紹聞遺事奚取敝篋所收藏同事諸尹所蒐羅以與郝君採擇而論著焉乃屬藁未半朱生與益莽相繼捐館本巔及二三同志以不佞之曾與是役也而謬使董成之曰志其愚勉爲蕆事類分十一門釐爲十二卷曰考證曰建置曰法派曰人物曰益莽艸創而稍爲芟潤也曰山水曰古

蹟曰形勝曰物產曰雜志則予爲捃摭以成此也藝文亦益搴乎訂揀舊志所錄而益以新採也景圖則陳虹橋筆也始於衎於壬辰竣再閱歲而書成事則考之載籍而質以耳目見聞之實也則紀其行業而稽諸鄉評月旦之公凡遺蹟之存與物之所萃以及巖洞之幽奇水泉之源派靡不條分縷析歷歷如脈諸掌登斯山者固可按志以搜覽即未

登斯山者亦于閱之以當坐遊矣雖東橋先生曠世栢隔末由得其書而質之以視萬慈所輯差爲詳備惜吾叔與益葊皆不及覩其成也

道光十四年三月朔洪麓逸史高福湧育亭識

# 重修大洪山志序

禹貢山海經為志山水之權輿蓋合海內而紀之也專紀一山昉肇於葛稚川之記羅浮嗣是而宇內名山莫不有志洪山古無志者明顧東橋先生嘗上顯陵圖輯之卅九傳本棧

郢京山麓誌集其論四篇合釋家語所輯為志五卷不書板本亦失好事者常以未見為恨今年冬嵩壽寺僧本嶽求而得之顧其書原本殘缺又歷今一百六十餘年所蹟藝文之宜續入者實多本嶽於是有志重修商之本

寺僧元戒亦以爲宜屬質諸紳詢謀僉同其以論撰之任敦請高朮爲先生先生草述家方々志在顧參亦斷以瑣屑營心神乃面廣規以撥於讚、辭謝弗獲命爰取舊志閱之畢書之并於趙氏并首星野凡一百六十條次山水援引水經而益以咏嘆之詞凡七百二十三字次物產次靈異均以山水之例合萬慈所撰之源流錄爲一卷卷二三四卷爲萬慈所輯之藝文也益以景圖一卷共爲五卷夫大洪之爲名山久矣趙氏與萬慈艸輯山志而溢末藝文較以示隆俾後人得以所

國是其功也第洪山、水之緣備載圖經歷代事蹟昭
於國史其山盤基數百里生植繁夥自唐宋以來代為
名剎及明代邇近顯達官貴人之所往來遺踪樵跡
豈若湮沒其人物雖可題宦抑豈堪可書之者攜之於
藝文景圖之好祇以二千餘言包掃一切亦已隸矣然
略李本園先生蕉叙所謂體裁未悉合綱羅尚未免挂
示偏然與藝文較為詳備然於簡端亦題藝文數目又
決擇亦少精審時高育亭先生家中適有九華山志圖
與先生做其體例而增損之搜剔群籍合以耳目之所

聞見諸公之所採訪分為十門爲書若干卷俟屬稿粗定敬質木翁先生為審決焉惟是謏以枵腹多病舊學荒疏典籍所載搜括不及百一然則前人所識後之視今來覓勝今之視昔倘博雅君子憫其呈而誨其不逮大洪山靈實照臨之豈惟小子謏拜嘉

道光十二年孟冬月朔五日五雲山人郝謹盥薺識

新修大洪山志姓氏

監定

原任大理寺正卿　蔣祥墀丹林先生

知隨州事　馬宏圖

前任知隨州事江夏縣正堂呂恂

纂修

德安府儒學生員郝謙

隨州儒學增生高福滂

參閲

喻煥　傅必泰　高樞

李學治　陳學曾　羅道矩

監生彭大域　周隆泰　京邑余國楷

鄢步雲　高兆琳　生員周應[illegible]

監刊

萬壽寺僧元戒

管理印造供給事

萬壽寺僧道靜

萬壽寺僧承悟

萬壽寺　僧悅信

雨臺寺　僧妙相

雨臺寺　僧妙能

## 捐貲姓氏

監生　閻體唐　李學賢　徐之華　周天位
監生　閻傳玉　李明昇　朱　清　張　銚
生員　張定榜　萬必發　劉　中　佘榮紳
生員　張羽儀　李學進　張朝璽　王氣昌
監生　李凝脩　朱懷洛　彭開烜　彭開東
生員　高奎年　黃先貴　陳德湘　佘榮秩
監生　彭大美　喻朝楨　鄧士儀　曾秉鈞
生員　蔡崇高　蔡自操　沈鶴亭　喻爲龍

監生彭大鳳　沈學煜　彭大魯　胡長德
生員彭國瑞　生員周文秀　李承德　鍾邑李英愛
鍾邑生員李英錫　鍾邑李明祥
監生喻　炳　監生趙文炳　趙翼文　黎邦隆
喻　煥　監生伍紹洲　監生許　忠　鄒開泰
李學治　陳大相　鄒開玉　趙德山
生員高學宣　王正泰　江尚達　趙志祖
監生李明哲　趙夢熊　趙齡春　監生黎　楹
監生黎頌德　布經黎純德　監生黎進德　監生黎修德

監生李彩　廩生源員席待聘

鄢步雲　馬廷龍　熊永秀　何上成

王鏐　楊上取　徐三臺　王象亭

蘇義　劉言訓　張爲政　郭品瑶

武庠李萬清　京邑丁太和　京邑丁裕太　京邑吳鈞輔

監生周崇高　彭楚珍　王龍　支菁

陳學曾　黃大常綱　胡煓　王於綱

劉仕亨　王世熬　胡學海敏　林枝榮

王紳　鄭恭帘　支葵　許榮陞

周進賢　王維　郭楚鳳　支莘

許可璜　王椽　張立常清　監生程思爔

張宏萬　尤正清　郭楚川　生員程思榮

監生趙品貴　王貴芳　劉光楚　劉光大

劉明禮　劉光前　黄少發

監生彭大域　武生彭大鸞　監生楊永　監生楊高陞

武生彭大觀　生員彭大鴻　陳瑞　朱櫨

監生彭大培　彭大廷　佘大啟　胡學高

彭開璽　王國定　東茂盛　陳一魯

貢生楊楨　黎正興　李東來　監生王士廷
監生楊枋　熊延翰　武生劉文元　呂大銓
武生呂大鈞
生員周鳴大　監生施敬昭　監生張先爵　京邑存仁堂
生員詹翹楚　張先聰　張先知　周裕大
生員金貢南　彭大壽　周卜相　生員周應桂
候選千總周錫瑞
京邑茶河余國楷　李仕楷　京邑王道成　京邑王之臣
京邑庠生陳南杰　陳大策　京邑黃玉泉元瓊　解紀

高兆琳　徐道　黃大剛　陳大振

監生徐學　監生彭正霆　詹名鰲　生員詹履謙

監生彭澤遠　監生黃士玉　生員程思燔　劉丕建

監生黃甫高　監生黃履高　生員程思鏊　詹揚信

生員梁燮亭　生員梁贊亭　奏祀貢生王先慎　生員陳翔樞

舉人項懷忠　譚理　何正玉　郭書祥

生員高學澐　奈榮台　奈學起　朱懷清

吏員張文誥　王鐸　喻立椿　監生劉仕亨

汪學潤　吳華清奎文閣典籍　吳華邦　華輝泰

汪履道　趙邦璧　喻大猷　喻瓊
李朝順　樊純學　陳若琳　喻立模
何世模　李文遐　張世諒　喻艮貴
鄧玉山　熊正材　熊高元　周文齡
生員周道南　高潤千　高直士　王春
監生徐行安　高在東　高學成　高育條
監生徐登雲　支開奎　高兆棫　楊崇均
留隍巡檢劉繼向　東陽壘楊立榮　劉邦彥　楊廷煦
周隆泰　周恒泰　王柯　張先覺

傅必泰　胡啟祥　李兆麟　周文煒

胡樾堂　李永昌　石須溪　羅英

生員周應煒　萬方平　張兆奎　楊白玉

饒廷勳　趙思成　徐能惠　徐能陞

善書高楹　楊可茂　劉五清　何贊廷

棗陽監生熊必榮　陳楹　王必梓　棗陽劉栽

史履中　裴仕桂　史履坦　唐學中

唐景中　唐閎中　京邑黃琦　羅守典

羅帝典　高奎　解亞寶　儲大山

諸山道衆

吉祥方丈瑞印和尚　宮邑查山監院昌輪大師　宮邑千佛方丈昌元霞和尚

吉祥慈印大師　查山永壽大師　高峯方丈雪智和尚

吉祥方丈了本和尚　查山昌定大師　黃龍方丈古峯和尚

吉祥智本大師　查山昌大大師　寶峯清安大師

宮邑太陽方丈蘭秀和尚　太陽雨福大師　雨台妙相大師

太陽法成大師　太陽雨續大師　雨台妙能大師

太陽雨珠大師　太陽東林大師　太極續念大師

太陽雨壽大師　京邑青龍方丈福修和尚　康寧續美大師

華嚴法傳大師　香雲峻崎大師　香雲峻華大師

華嚴本聽興大師　香雲峻嵐大師　香雲光秀大師

白雲廣明和尚　康寧仁義大師　康寧仁安大師

圓通源老和尚　圓通廣濟大師　百和大和大師

鍾邑華嚴又山大師　鍾邑道斌東西方丈曇菊芳師

京邑圓通戒修和尚

# 大洪山志目錄

藝文詩上　詩下

卷十

藝文賦　序　記　碑銘　題跋

卷十一

物産

卷十二

雜識

大洪山志 卷一 目錄 五

大洪山志

凡例

一名山有志所以誌名區紀勝跡供風騷之探索備輶軒之採擇也事必有徵方可信今而傳後若但侈美觀不求據實何異東方神異乎玆編所載非考之典籍則得之見聞一涉疑似不敢妄登即舊志與州志之錯誤者亦加駁正

一舊志五卷首卷星野山川物產靈異源流凡五篇其二三四卷皆藝文也五卷景圖每圖下附以當時題詠亦

皆藝文之類也茲於舊志之爲藝文者還其爲藝文其星野山川物產靈異源流五篇俱附卷末以存其舊是今志十二門惟藝文兼收舊志而亦有所汰有所增其餘十門皆今所新撰也雖日重修實爲創始覽者鑑諸

一山水物產必詳其源流形狀庶閱者如身遊目覩且得以與他處所載互相稽考每見撰邑志者往往於山水祗云在某鄉去治所若干里物產亦祗臚列其名百尺無枝渾如酒肉帳簿愚雖讀爾雅不熟然不敢作沒字碑也

一洪山物產之饒未易梅舉必其品之良與利之溥者然後收載

一傳人物者首詳其爲何縣人此史例也惟省志府志可遵此例至州縣志中之耆舊不問而知其爲境內人矣似宜詳其爲某鄉某邨庶閱者稽其里居如或見之至於山志尤宜詳切故於人物必詳邨各

一歐陽公東園記謂隨少人士此北宋以前則然自南宋以後偉人迭出至有明一代內而宰輔卿貳外而臬司郡縣官不一其人然離山麓六十里以外者概不敢錄

恐泛涉與州志無別

一耆舊節烈必須事蹟的確允合輿議方可登錄其有事之不的與例之不合者不敢漫狥情面終貽口實

一洪山道塲始於唐盛於宋時僧衆至千餘人住持長老足涉天階額膺寵錫至明世宗由興藩登極洪山密邇顯陵官府之謁陵者往往經過山麓以故仙人洞石壁題名達官名士不下數十人當日登覽流毗必多題詠惜地處偏僻諸名公全集無由得見爲之慨然

一舊志所載藝文其文均繫山僧㙈銘及山寺建置功德

碑記其詩則自明代以後多繫修志山僧萬慈與騷人唱和之作殊少佳製茲編於舊志中文則全錄詩則少加澄汰若其人祇以一詩見者不論工拙悉從收載不欲湮沒前人

一藝文自舊志收錄之後歷時一百五六十年凡騷雅遊覽記序以及題詠篇什山寺既無藏稿可搜採訪亦不能遍及他境倘有不惜瓊瑤郵筒見寄者謹當陸續纂入光我巖壑

一山志所載須有疆域大洪盤基百里北以長岡店爲麓

東以三里岡爲麓南以劍口外茶棚爲麓西以五里坪爲麓凡所紀載去山麓不過五六十里示有限也其有事迹之卓異者破例間載一二亦必事與洪山相關涉或地與洪山相連接不敢但事摪扯以侈美觀

重修大洪山志博請採訪小啟

金罍何殊瓦缶，黃金飾之以增華；玉輅猶是木車，白玉相之而見美。凡夫器用之製，尚有假乎地寶天珍，矧夫祀述之繁，能無資乎編搜紓贈。大洪山若漢東之望也，名所從來，蓋亦遠矣。爾其一水上渟，浴日沐月；三峯削峙，降雨興雲。桑經酈註，紀須水之源流；宋碣元碑，列空王之寶號。歲時祈禱，賢牧題額於靈池；黃龍池「霖雨蒼生」額，乾隆乙未州牧鳳翔題。南北咽喉，前朝寄治於古洞；元初隨、復二州刺史寄治黃仙洞，以至登高能賦，到處題名，種種遺蹟，更僕難數。若天仙瀑靈湫不少佳趣羣山衆壑自具幽情理大物博是珍奇產殖之鄉水複山重亦風雅鍾毓之地允宜志以虞衡信可記夫風土然而故事雖具纂輯維艱前明顧東橋所輯有目無書我朝釋萬慈所編有書無板列當年體製未備不無掛漏之嫌又於今事跡多增更有湮没之懼山僧本立所以志欲重修木齋先生顧以屬之賤子僕也趨庭有訓學古無成博非行譜慚人物於倉曹胸乏智珠愧森羅於武庫繆當重任實切恐惶是以若涉淵水用敢求助他山

所願青箱才子絳帳先生抽二酉之秘藏抒三長之妙緒惠珠璣於咳嗽成錦繡於贊襄自羣公之賜教而言如傾江海以盆行潦原不減江海之深自賤子之受教而言如祓襤褸而獲珠衣便可飾襤褸之陋惠顧之條不拘件數書成之日並列芳名開徑望三益心誠求之微軀敢一言願有請也敬抒微忱肅茲小啟所訪欵目開列於後

# 採訪欵目

一訪載籍

凡輿誌史策之關涉洪山者悉望　賜教輿誌如太平御覽地理今釋湖廣通志之類史策如歷代正史各家史書之類稗官小說諸子百家皆可收入

一訪山水

凡洪山四面數十里各擬所見之山水詳爲開列山須紀其有名者俗名云何古名云何高幾里去洪山遠近若干里其山有可紀之故事與否一一開列水則不論

大小須開明發源何地與某水會於某地又於某地入於某大河本水之名云何發源會合之地名水名云何

一切照俗名開列不可避俗易雅若的知於古爲何名者則並載古名

一訪形勝

凡有名之岩洞泉源池堰要隘如州志所載椴樹埡三里峽之類并列其名目狀其形象叙其來歷其地去洪山若干里有可紀之故事與否詳悉爲妙

一訪古蹟

凡基址名士達官節烈仙釋流寓居址墳墓名士達官節烈仙釋流寓冢墓題名如仙人洞題名之類亭閣寺觀碑墖坊表一一詳其原委并有此古跡之地方爲何名去洪山若干里以詳爲妙

一訪物産

凡鳥獸蟲魚草木山蔬藥物之屬其質之美利之溥者并列其名目狀其形象及所出之地名爲何不厭其詳

一訪人物

凡地方耆舊流寓仙釋方術節婦烈女悉詳爲採錄耆舊或以德望或以學術或以科名科名爵位人所共知

德望須有實行可據學業須有著作可憑至節婦烈女其已見州志者固無異論其州志所未載者必人無間言乃可收錄

一訪藝文

凡名士全集勿論已刻未刻勿論科名有無勿論隔省隔縣亦不論時代久近只須文字與洪山相關涉其文典雅入格者或詩或賦或古文一并收入若巴里之辭無煩採訪

一訪雜事

凡遺言瑣事之有關洪山者即俚俗怪異亦弁收入須明何書所載何人所說其有太涉不經或犯忌諱者無煩採訪

一採訪之地界

西北從娥皇洞東至瀔潭均川柳林店張劉店再東至白果樹巒頭砦正南西南逼近鍾京交界人物不出界外山水古跡物產雖在界外而於大洪相近地距山麓不過五十里者一弁收錄

大洪山志

卷一

八

# 考据書目

水經注

文獻通考

隋書地理志

太平寰宇志

太平御覽

一統志

湖北通志

荆南道志

德安府志

隨州舊志　知州劉彩撰

隨州新志　知州張璿字衡齋撰

襄陽府志　知府陳諤撰

安陸府志

鍾祥縣志

京山縣志

應城縣志

應山縣志　雲夢縣志

漢川縣志　方域勝覽以上山水古蹟考引

沈約宋書　李延壽南史

魏徵隋書　歐陽修五代史

脫脫宋史　宋濂元史

張廷玉明史　朱青崖明紀輯畧

谷應泰明史紀事本末以上援証古蹟人物考引

山海經　左傳註疏

爾雅註疏　詩經註疏

張華博物志　羅願爾雅翼
陸佃埤雅　崔豹古今注
朱子楚詞辯證　陸璣詩草木蟲魚疏
羅日褧雅餘　盛宏之荆州記
格物要論　李時珍本草綱目
汪訒庵本草備要　陳藏器本草拾遺
陸祚蕃粤西偶記　陳尚古督雲雜誌
周櫟園閩小紀　陳淏子花鏡
左思吳都賦　考引　淮南子
以上物產

廣輿記　輿地紀勝

武昌府志　宋子京益州方物畧

歐陽文忠公全集　沈括筆談

袁潔齋文集 以上雜識引

大洪山志卷一

洪麓高福滂育亭纂輯　南院釋本嶷校刊

景圖

山川名勝天地自然之圖畫也豈人所能倣效哉然王摩詰畫輞川圖米元章畫楚山清曉圖黄一峯畫富春山圖唐元宗遣吳道子寫嘉陵山水皆稱妙絶則造物之奇又未嘗不藉人以傳之也洪山古無圖

我

朝

聖祖仁皇帝詔各直省大臣繪所屬名山進呈

御覽爾時湖北以大洪山及太和山二圖

上合天下所上之圖共百有二十奉

旨摹刻藏之內府曰百二名山圖洪山有圖於是始乾隆

時安陸孝廉王練溪先生於曹埠山宗伯家得其欘

本道光癸巳先生之孫煥之出以見示敬摹以冠卷

首剔中陳虹橋復繪七圖附於後庶閱者一展卷間

如身遊其地焉

# 内府大洪山圖

湖北德安府隨州儒學增生臣高福滂敬纂

# 東西勝覽圖

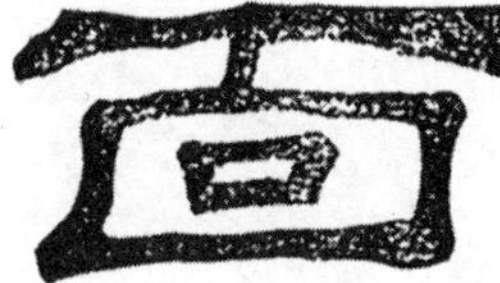

大洪山志　卷一
二
白雲寺
虎頭岩
佛兒嶺
月落寺
雨台寺
三里崗
圓通寺
泉與寺
吉祥寺

大洪山志　卷一　圖
三
洪山
圓寶岩
馬騌嶺
接官所
分水嶺
四聖庵
廣德寺
關口埡
獅子岩

南西勝覽圖

千佛寺
太陽山
花山
牛角尖
京山太陽長慶寺
金剛坡
脚跡庵
瀑平岩
茶棚

洪山志
卷一
圖
三
洪山
鐘樓台
狼頭岩
龍門岩
老龍洞
盤石竹
劍口
棋盤石
洪山萬壽寺

大洪山志 卷一



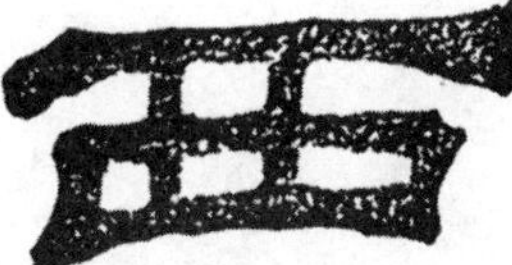
西

面

勝

覽

圖

岩首寺
劉家庵
華嚴洞
雲霧寺
蓮台寺
道獄寺
古佛岩
念佛亭

洪山
鼓樓台
懸鈎山
白龍池
華架山
蠟燭山
仙人洞
水陸龍山寺
黄仙洞

北面勝覽圖

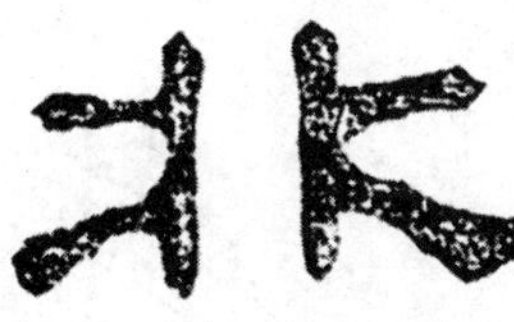

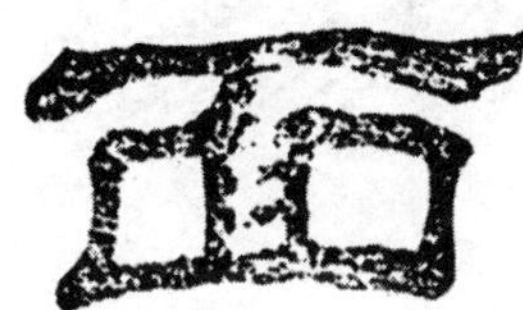

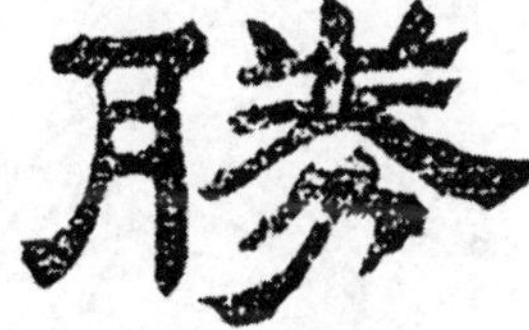

观育洞
偖龍坡
靈濟岩
祖師洞

洪山志卷一圖

五

洪山

捨身岩

懸鈎山

靈官埡

飄石尖

三聖庵

五雲坡

長崗店

大

洪

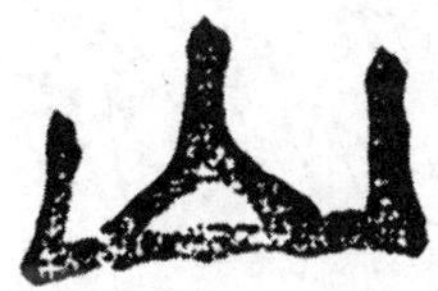
山

全

圖

大洪山志　卷之一
六
黃龍池
鐘樓台
瓔杉
萬壽寺
劍口
洪鉢泉

圖

懸鈎山
大洪山
捨身岩
鼓樓台
釜
釜
釜
靈官殿
白龍池
靈官埡
龍門岩
長岡店

大洪山志　卷之一　六

萬壽

寺

全

圖

華嚴臺
盤石竹
東塔園
瓔珞杉
棋盤石

大洪山志　卷一　圖　七

龍門君

寶珠峯

洪山寺

# 大洪山志卷二

盆庵郝 謙纂輯　南院釋心印齋李夔校刊

## 援証

志乎今者必證乎古曷證乎證之於輿誌焉證之於國史焉洪山僻在漢東地高峻隩側洪水之所不能害禹跡不到故不見紀於禹貢即兩漢地志亦未之及自水經酈註紀湞水之源始見其名爾後圖經地志多見收錄而歷代正史亦時以事見紀傳夫宇內名山除諸嶽鎮外其以名見圖經及爲風雅所游詠

者多矣然未有以事累見國史如洪山者也豈非見賞文人者祇以其景之勝而見紀史册者並以其地之要歟特輿志國史汗牛充棟枵腹既慚博識僻壤又少藏書搜羅蓋不逮十一補緝修飾是在後之君子

圖經

大洪山在隨郡之西南竟陵之東北磐基所跨廣圓百餘里峯曰懸鈎處平原衆阜之中爲諸嶺之秀山下有石門夾鄣層峻巖高皆數百許仞入石門又得鍾乳穴穴

上素崖壁立非人跡所及穴中多鍾乳凝膏下垂望齊冰雪微津細液滴瀝不斷幽穴潛遠行者不能窮深以穴内常有風熱無能經久故也溳水出於其陰將入以溳水所導亦謂之溳山 後魏酈道元水經注字遵定本太平御覽引此

大洪山在隨州西南盤基百餘里峯頂俯視漢東諸國林巒邱嶺猶平川也 宋張商英靈峯寺記

隨州有大洪山四面陡險絕頂有太湖神龍所居後龍關崖開湖水南落名龍關崖西有仙女洞又有奇峯鶴子峯佛兒嶺斷足崖明聖泉硫黄池皆山之勝境 輿地紀勝湖北

通志引此及水經酈註

隨州有大洪山四面陡峻靖康間土人避亂於此相傳爲慈忍盧尊者道場陸應陽廣輿記德安府隨州

京山有大洪山上多異蹟東安鄂西襄郢南江漢一覽而盡廣輿記安陸府京山

大洪山在州西南一百八十里乃慈忍盧尊者道場崛起一方鬱然雲間四面陡險絶頂有大湖湖旁有龍關崖又有明聖水硫黃池佛見嶺仙女洞鶴子山斷足崖宋靖康間避寇者多依此州舊志

大洪山在州西南一百三十里一名大湖山山基東西五十餘里南北四十里四面陡絶其中林巒紆異巖壑抱幽扶輿盤礴鬱而流爲郢復羣山之宗登高而望太陽大嶺諸峯若拱而揖焉

大洪山舊志不載隨書注清潭縣有大洪山考水經溳水出蔡陽縣注云水出縣之大洪山今據水經增入又清潭亦境內故縣也宋末元兵圍襄陽奪大洪山寨即此

陳鍔襄陽府志棗陽縣山

大洪山縣西北一百二十里周百餘里其南面縣界也上

元至元十二年二月令大洪山避兵民還歸漢陽復業農畝令阿里海牙鎮守之五月黄仙洞行隨州事傳安國以城降 元史本紀

阿术等兵圍襄陽唆都出巡邏奪宋大洪寨 元史唆都傳

元正統中張柔屯兵曾武以窺宋遣別將翟彥聊攻洪山寨破之 京山志引元史 荆南道志同

洪武元年九月衛國公鄧愈入大洪山寨取老馬劉克之 明史本紀

鄧愈爲湖廣行省平章洪武元年大軍經畧中原愈帥襄

漢兵取南陽攻下牛心光石洪山諸寨明史列傳

洪武元年秋七月鄧愈進兵克隨州討平麻張新寨朱青崖明紀

洪武元年七月衛國公鄧愈伐隨元右丞王誠降九月入大洪山取老馬劉寨命白圭爲隨州知州州舊志引明史

洪武元年吳復破老馬劉於大洪山京山志

案鄧衛國既破老馬劉於洪山矣而此復係之於吳復者蓋當時吳亦同與軍事也

洪武二年秋八月大將軍徐達承制遣楊璟等征唐州先

是鄧愈下唐州後唐州兵亂　蔡家寨賊將老馬劉及南陽等郡縣皆相繼而起故有是命璟至南陽首諭脅從者皆散乃攻唐州破之

案老馬劉之在洪山爾時甚爲劇寇今山中猶往往傳其遺跡而事之始末未得其詳茲就所見者撮錄數條以俟博識

崇禎八年冬衆賊聚於大洪山總兵許成名以兵追之拔其老營賊大潰

# 大洪山志卷三

洪麓高福滂青亭纂輯　南院釋心印齋本巖校刊

## 山水志

坐於斗室之中而欲海內山川按圖以稽於源流巨細無少錯繆此必不能至於志在一山所及不出前後左右數十百里之地宜其了如列眉然非得之目覩亦未免有沿襲之失又山易指水難究蓋山形有定水之派別易淆也洪山之水多滙湏以入於漢而其所由以滙者則名有多歧其旣滙於湏可得以湏

概之也其末滙於溳不可以溳概之也旣久於溳則不惟近之爲均爲石皆溳水之所兼納卽遠而南之富北之瀊與滻亦皆溳水之所并收也未入於溳則不惟南之富北之瀊與滻與溳水之源邈不相及卽近之爲均爲石與溳水之源相隔一邱一壑者亦宜按名而條辨之也詳覽衆説不無剌謬茲旣論辨其誤并於逐條下詳其源流後之君子得以考焉

山

大洪山古亦名大湖山以溳水所導又謂之溳山在漢東

隨郢之交矗起數千丈盤基百餘里上有三峰鼎峙雲表北曰舍身巖東曰鐘樓峰西曰鼓樓峰而北峰尤危嶮巨石虛懸俯臨百仞邃窔令人目眩神搖不敢久視三峰之間儆而爲寺名幽濟禪院又名靈峰寺寺中有水曰黃龍池靜涵澄碧不溢不竭一統志謂之明聖水寺外大鐵瓮三高五六尺厚寸許各容數十斛鐵色黝黑形質奇古唐宋時物也西北十餘步有蓮花池今堙寺門南下碑崖坳石間一水清冽而甘曰洗手池以其水作豆腐甚佳又謂之豆腐池再下三里許爲靈官埡

西北入山要徑也。埡西一峰峭竦。與大洪爭奇者曰懸鈎山。山有二峰。一低一昂。其狀如鈎。故名。水經注所謂峰曰懸鈎者也。今訛爲喚狗山。近懸鈎南、白波汪洋。縱橫百頃。居兩山之間。而浸其腰者白龍池也。風起洪濤。震盪陵谷。浸浴日月。神蛟怪魚。窟宅其中。四時洋溢。東流爲溪。緣溪行五六里。爲龍鬬巖。微徑屈曲。巨石如虎如豸。或蹲或伏。兩畔危崖對出。怒若生龍之鬬。巖以此名。而世傳古時水漲巖上爲湖。神龍居之。龍門巖開。湖水南落。故其下名落湖村。其言甚奇詭。搢紳先生所不道也。龍門巖迤南三四里爲太湖。故地。四圍高山環繞。中得平壤。廣可百餘畝。山口峭石中斷壁立剪齊復有大石樹其衝水緣兩壁夾大石而出或曰其先二山相連水積爲湖山神以劍斷之故曰劍口或曰天寶生此以扼澗水之衝故謂之澗口平壤上山林深處藏古寺爲山下南院即萬壽禪院也寺多宋人碑刻筆致圓勁堪爲法帖寺後有盤石竹青青出石罅中盤根錯節終古不彫寺門左畔有瓔珞杉葉似杉而枝介松柏踞山麓谷古翠宜人樹下有石正方而平曰碁盤石亦自然之物也斷足巖老龍洞洗鉢泉皆在劍口外劍口南出爲京山縣境有瀑平巖出紫石可爲硯巖之東有潮水泉水應潮汐再南則太陽武臺諸山環衛東南若拱而揖焉懸鈎山迤南循魚兒嶺西爲鍾祥縣境有黄仙洞古佛巖諸勝、皆可遊覽西南踰盤石嶺歷温峽口、虎峪口、諸岡嶺以達郢都矣由懸鈎山西北下七里坑爲五雲坡。坡北下極陡側蹬數里抵山麓乃有溪流平畈循溪而北爲長岡店、地多泉源滙水出焉北流十餘里石山橫鎖溪水中穿一竅軒豁如門謂之穿洞。南北孔道所經也長岡店沂溪西上歷上野畈踰城牆埡爲五里坪其地深曲有上中下三坪各長五里入上坪有仙人洞居峭壁偃崖之下初入極軒敞曠若數十間屋進里許其左復有高洞如岑樓石齒稜稜攀援可上上廣二三丈中撐石柱大數圍乃石津滴瀝年久結成者下高洞再進則小口如甕纔可通人內阻水緣水邊小徑捫石壁行十餘步更復高曠頂上多鍾乳垂如氷柱水液凝爲諸奇怪石嶙峋助其巧或如禾穀之堆積或如阡陌之縱橫或如龍蛇蟠空或如神鬼倚壁或如鉦如鼓如

榻如墩如奇禽如怪獸殊形詭狀莫可端倪幽窅深邃嗜奇好遊之士未有窮其所止者也西南相距數里復有雙門洞內多水不可入洞外石壁周遭如垣前闢巨門穹然而高狀若長虹之淩跨門內敞如庭宇左右壁上異草奇花披拂掩映極爲幽秀水經注所謂石門夾鄣層峻巖高幽穴潛遠行者不能窮深者謂此數洞也

由上坪西入三里峽西南行踰界山爲入郢之路西北出爲中坪再下爲下坪有泉三泓其源最盛亦潰水所從出也又西北二十里至聖泉寺有煖泉溫沸可浴郎

一統志所謂硫黃池其西聯峰聳削則大寨子小寨子蜿蜒綿亘達天橋山、山下有娥皇洞、內極深窅有天生石龕及石觀音石蓮花諸奇景、遊者麇至焉循山頂鐘樓峰而東有石梁石柱橫偃山坳崖壁刻宣和六年淮南六字再東嶺稍疊處爲大埡、地勢陡峻寇亂時嘗於此駐兵守險踰大埡而南、則萬壽禪院後山也其東北下爲四聖庵、徑通下土門自東入山者路必經此其東南直下巖槃橫峻者猨頭砦也銳如卓筆者牛角尖也牛角尖迤邐而東層巒疊嶂斷而復起其巍然竦峙者爲雞冠山爲佛兒嶺佛兒嶺東靈泉山南史沈慶之傳所謂五水嶺也又東土山均水所經隋於此置土山縣焉雞冠山東下有石婆巖石形如老媼亭立巖端有王子城莫詳所自名又十餘里古城畈爲漢平林故址水經注漳水逕平林縣故城西即此古與故音義通也斗角尖迤南碑記坡至王子尖有天生堰四面因山爲堤廣可百餘畝其深莫測形類白龍池但水静而不流爲巽耳循北峰舍身巖東北十數武峭石夾路僅通人行曰三天門其下復有一天門二天門去峭石下二里許

突起危阜仄徑一線繞其腰盤折屈詰旋轉如螺少失足則墮尋丈谷中入山之路此爲絕險下此則爲馬鬃嶺、峻削仄脊形如馬鬣故名鬃嶺東望林木蓊蔚間黝然而黑者黑龍池也。其西豐秀端立者香鑪峰也循嶺而下路險夷不等一帶深林密樹勃鬱清幽望無涯涘盡深林下熊頸坡出山口轉北石山峑嶨巉巖嵌空爲慈忍初至入定處。謂之靈濟巖也。巖東平疇數百畝爲東莊畈雙泉縈帶繡壤交連頗擅山水之勝商氏世居於此焉其東南三里波涵浩瀚髣髴白龍池者爲豢龍陂陂岸有塔宋嘉祐時洪山寺僧所建以藏經者也陂南白羊尖卓然挺立爲諸嶺之秀其北十餘里有觀音洞亦爲勝景洞北黃崖白雲諸山皆屏嶂秀列蒼翠彌天又北逾土地埡二十餘里則大浪山如巨浪排空盡於環潭此其方面大略也山高寒多大風盛夏之時有如暮春餘雪常三四月未盡天微陰雲氣噓屋壁間撲人眉宇衣襟露濕頂上花木不生而空中時聞異香沓不知其所自來者當夫時雨初霽天朗氣清登而四望襄鄧鄖郢間山川皆可指數日落照耀漢江在天際如

匹練俯瞰峰阜錯疊螺翠鬟青煙村迷離隱隱如在畫裏陰晴朝暮景皆可愛須遊者自得之類非擬議所能盡也山在秦漢前無考水經紀潰水名始見於酈氏注中唐寶歷時有沙門善信者。結廬於此。頗著靈異。文宗賜號慈忍。額其院曰幽濟後更加號靈濟。自是遂爲望刹。宋靖康以後南北交訌居民多保聚此山元季爲巨寇老馬劉所據明洪武初始討平之舊有三重城基址可尋敗甲遺鏃及金銀銅鐵古錢之屬至今猶時時拾得而二里峽等處皆壘石爲城由歐家坑抵天橋山延

亘幾百里焉大洪雄踞數郡凡遠近諸峯之附麗者皆
得連類書之
張衡齋先生新州志誌洪山一千六百餘言其表章
此山可謂詳矣然徵引既博舛誤參半如黑龍池在
山之東北而以爲在南、黄仙洞在山之西南而繫於
東南、劍口之下、馬騣嶺在山之北而繫於劍口之上、
石梁石柱在山頂鐘樓峯之東而以爲在黑龍池、幽
濟禪院即山上靈峯寺舊額也而以爲在靈濟岩、至
於敘寺則山上與南院莫分、敘洞則仙人與靈濟相

淆諸如此類詎曰小疵且紀事行文凌躐參差未能豁閲者之目緣當時採訪家未詳細開載操觚者圖圖混叙於境地有未悉故也茲既正其訛誤而敍次景物由上及下四面分疏以東西南北字爲經緯庶閲者見而瞭然

懸鉤山在山之西麓體與相連以靈官埡爲之咽喉其脉起桐柏胎簪山西北自春陵蜿蜒而下歷天橋寨子等山至此特起危峯與大洪競翠比秀雙峙撐空亦如太華之有少華太室之有少室也南有狀元屋基北有養

馬屋基溳富二水之源於洪山者分派於此南出白龍池者爲富水北出長岡店三眼泉等處者爲溳水

五雲坡在山之北麓陡峻峭削狀如攢雲西入三里峽北至長岡店路必經此

白羊山在五雲坡之北峭拔聳欝俗謂之陡坡里人郝謙有記載藝文

馬鞍山在山之北高峯連峙中有低嗛形如馬鞍故名

黄崖山在山北土地埡其東出之水逕觀音洞出麻魚河與雙泉合其北源由烏龜頭新集至何家店入均水正

源

大浪山在山麓北三十里層巒疊嶺勢如浪湧州志謂支

水發源於此

藥山在山麓之北四十里漬山鄉俗傳張子房採藥於此

以上北麓

碑記坡在山麓東南爲前明謁顯陵驛路所經舊於其地

立碑以記路程因名坡下有暴水泉小富水發源於此

興隆山在三里岡東北三里隆然高竦石骨鱗皴爲狼頭

砦迤北諸峯之特起者其東有硯瓦臺

雞冠山在三里岡東十里峻嶺高橫石峯屹嶙宛如雞冠其下水源南流至柳林河與泉興寺水合

青林山在山麓之東古城畈山勢陡峻林木青蒼頂上有石垣元末兵亂平林明玉珍萃鄉人結屯相保於此其下有青林寺

佛兒嶺亦名望湖山在三里岡東北十五里雄峻盤鬱爲東南大山要道上有望湖寺均水經其北

靈泉山在佛兒嶺東五里即宋書所謂五水嶺也其下有妙濟寺俗名五港寺

土山在佛見嶺東二十里水經注均水逕土山北卽此山也其南爲漳水所出粱於此置龍巢縣又置土州清改土山縣　按土山縣疑卽今均川店地

辰山在佛見嶺東其最高處曰青龍嶺氣象葱鬱能興雲雨山後有白雲寺古松數百株蔚然蒼翠

十九山在佛見嶺東三十里其山綿亘十九里蓋自太洪山蜿蜒起伏至此始平

善光山在佛見嶺東六十里舊名現光山郎古之仙城山李太白文集所謂紫陽先生八歲經仙城山者此也山

有滴水巖馬騣嶺白牛池響水堂諸景其東有湞山坡德安府志稱隋帝女仙城氏修靜於此然不詳帝女何人考隋書列女傳煬帝女南陽公主適宇文氏國亡後出家爲尼或即此人山或以帝女得名或帝女指此山爲氏皆未可知也又舊州志於紫石橋下載隋侯女修行有鵶爲引路虎爲開山之語疑此爲一人事而傳聞異耳太白有送煙子元演隱仙城山序載藝文以上東麓

天坑山在山西麓之庚家畈山頂有坑面天深不可測因名

寨子山在山麓西北四十里一名戴紫山亦名太陽山秀

峯高聳四面陡峻其西毗連一山名小寨子山山下之

水東流逕顧家畈又東北與太和店水合流至茅茨畈

入溳水

天橋山在寨子山西四十里山峽巨石跨平亘如橋下有

娥皇洞

龍頭山在山西雙河店之南自天橋山蜿蜒而來勢已將

盡突起小峰形如龍頭西四里許復如有龍尾山其東

又一山名鳳凰嘴

界山在山西麓隨州與鍾祥縣分界處

雞籠山在山麓之西山勢秀麗望之如削煙雲起滅朝夕殊狀週迴二十餘里八峯環抱而此峯居中其巔險峻樵採絕跡

九華山在山之西南鍾祥縣境九峯高竦參差如花以上西麓

筆架山在山麓之西南五峰卓立天然秀削

黃仙山在山之南麓其下有黃仙洞豁然明曠有龍潭深不可測

城子山在山麓之南四面陡巖削壁惟一徑如繩懸牛趾

而登絕頂有水極清澈上有古城遺址未詳所自

聊屈山在山麓之南嵯峨突起與雲杜諸山相錯上有白鹿池大旱不涸下有龍窩洞甚深廣禱雨輒應白水所發源也山見春秋傳定公五年杜預註中

花山在山之南舊傳靈濟祖師過此百草皆花至今山色潑翠開拔丹紫晴嵐擺藹香氣蓬然

太陽山在山之東南高數百仞盤蹙數十里四圍峯巒障空登其巔則衆峯叉纍然俯挹山東南出一種石名太陽石見物產東麓有蘇侍郎墓山洞有泉瀑布下流出

谷口十餘里入於富水以上南麓

## 水

水經注溳水出大洪山東北流合石水石水出大洪山東北流注於溳謂之小溳水亂流東北逕上唐縣故城南又東均水注之水出大洪山東北逕土山北又東北流入於溳溳水又屈而東南流逕隨縣西有溠水出縣西北黃山南逕㵐西縣西㵐水東南流注於溠溠水又東南逕隨縣故城西又南流注於溳溳水又會支水水亦出大洪山而東流注於溳溳水又逕隨縣南隨城山北而東南注又南過江夏安陸縣西又南逕石巖山又東

南流而又會富水水出竟陵郡新市縣東北太陽山水有二源也大富水出山之陽南流而左合小富水水出山之東南逕三王城屈而西南流右合大富水俗謂之大溳水也又西南逕杜城西又東南流入安陸縣界左合土山水世謂之章水水出土山南逕隋郡平林縣故城西俗謂之將陂城又南流右入富水富水又東入於溳溳水又逕新城南又會温水温水出竟陵之新陽縣澤中東南流注於溳水又右得潼水水出江夏郡之曲陵縣西北潼山東南流逕其縣南東入安陸注於溳水

湞水又南分爲二水東通灄水西入於沔謂之湞口也

敖水出新市縣東北又西南逕大陽山西南流逕新市縣北又西南而右合枝水水出大洪山西南流逕襄陽郡縣界西南逕狄城東南左合敖水敖水又西南流注於沔實曰敖口 沔水條

按水經注紀洪山之水凡九作志乘者皆援據之然按之地勢多不盡合蓋古人閉戶著書旣未必親歷其地而古今水道又遷徙無常郡邑之沿革地里之名稱更有隋時變易者欲膠柱鼓瑟一一求合難已

玆節錄水經注復參以今日之水道地名條敘於後

而於諸志之誤者加駁正焉

湏水出山之北麓名泉數十泓而長岡店與三眼泉爲正源長岡店水上源東出舍身巖北西出懸鈎山北分流至長河匯爲一溪北流至長岡店沿溪沮洳無數泉源噴溢溢湧演漾溪中北流至穿洞茯苓窩左右泉注之西折合三眼泉水水上源出雙門洞曰南泉南風盛則水亦盛也西北流出三里峽至下坪其地有泉三泓名三眼泉中池徑二三丈淵然莫測左右二池減其三之

一清澈見底水與南泉合流東北至穿洞與長岡店水會北流至三聖菴石門泉注之水出蓮花堰溪畔地有山阿峭石雙排如門水逕其前東北流至三聖菴入滇水滇水北流逕荸薺畈東抵洪山河滙納衆流西與小滇水會水出娥皇洞亦名石水泉自洞中流出東北逕雙河店又東北至荸薺畈西又北東至石牛河入大滇水水經注石水東北流注於滇謂之小滇水是也酈注又云亂流東北逕上唐縣故城南上唐地無可考州志以爲當在環潭北今滇水北流逕環潭西折而東環曲

如帶故名環潭南流逕嵩山寺北爲瀊潭大浪山水東北來注又東南至安居店砦河溠水入焉水經注以春秋傳除道梁溠卽此又東至長慶堡南合藥山東出之水又東南至均河口均水注之又東逕溳陰亭又東至隨州城西木瓜園㵐水入焉溳水繞城東南流逕隨城山至浙河鎮合小浙河水卽古漂水也又東逕獅子潭潭上有獅子巖對岸有纁毬墩又南逕雲潭合雲潭水又東南逕應山縣平里市南流入安陸縣境逕德安府城西爲清發水春秋傳吳從楚師及清發是也又南由

史河入應城縣界經官渡河即楊家河合滍水又南逕長江埠過道人橋抵漢川會富水出滍口入於漢

按郡志謂滍水出黑龍池州舊志應城縣志謂源於黄仙洞一則流判東西一則地隔南北其誤固不待辨至新州志以出於娥皇洞者爲大滍水而以出於山麓者爲石水於理亦未爲得也詳後水源辨誤

均水出山腹黑龍池及東莊畈之雙泉雙泉據溪邊平地發爲池各徑丈許泉自池底湧出如萬斛明珠紛綸跳躍絡繹不絕其溪南自楊武溝來遇旱常涸雙泉注之

始爲經流東北里許至青龍菴沿河垸水西來注之又東北至老屋河之白岩子觀音洞西北之水注之又東北至響水灘與黑龍池水合水出山北馬騣嶺之東其泉出石窟中懸流注澗清韻瑽琤滙左右谿谷之水東逕四聖菴又東北逕聶河之龜山出陰河垸東至於土門折而南合師古墖水水出狠頭砦東流逕師古墖之龜山合萬家坪水屈曲而西與黑龍池水合黑龍池水逕許家河又東北與雙泉水會又東北至下流畈合三里崗南來之水又北逕佛兒嶺西北又北東至尙家店

佛兒嶺澗谷之水水新集西北之水皆注之又東逕土山北合五港水水亦出大洪山澗流屈曲東北逕靈泉山支分五港又東北流入均水均水東北流逕均川店至百四畈折而東流至均河口入溳

州舊志謂均水出佛兒嶺新志謂出於黑龍池按佛兒嶺澗谷小水並無泉源且距均川三十餘里其流甚短自當以新志爲確而雙泉源盛流長實亦均水正源也

漳水出山麓之東泉興寺有泉出巖石間名三鼎泉東流

至王家城六甲廟水逕周家橋注之又東逕柳林河雞冠山水注之又東逕廣福寺又東逕伍家畈又東南至兩河口棗樹埡等處之水逕周店來注又東南合古城畈水水出十九山東南流逕古城畈至兩河口與泉興寺水合逕聖場東南流入安陸縣界逕京山縣之平壩鎮東南爲翻車潭相傳孔子適楚至此車翻又東南逕金鐘畈爲金鐘潭又東南過陳子垸東流至應城縣爲楊家河郎官渡河又東出漳口一名兩河口入溳參京山應城兩縣志

按水經注漳水南流入富水今此水至應城縣楊家

河出漳口入滇與酈注不合州志引沈括筆談云水清濁相揉者爲漳漳與滇合流色如蝃蝀十里方混故曰漳據此則漳自宋時即已入滇是川流之改道愚謂水經注一書於天下之水亦只得其大端不合者甚多漳富皆逕應城縣入滇計其道里相去不遠或因此致誤未必皆由川流改道也又州志謂漳水出十九山按酈注水出土山南今十九山在土山東南泉興寺在其西南而泉興寺之源爲盛則十九山特其一派而泉興寺其正源也

富水出山麓白龍池池大百餘頃其深莫測一統志載鄭穀夫婦化爲龍浴於大洪山之南池即此池也水東流逕龍鬭巖出劍口得洗缽泉東南流入京山縣境逕瀑平巖繞金剛坡過白崖山又東南得潮水泉水出金子山石竅每潮有聲如雷潮退乃止又東爲鴛鴦河土人多於水湄設碓造紙地名紙儆又東逕霍口又東南逕羅漢嶺又東南逕五臺山得其水又東逕太陽山南之大河頭南北谿澗旁貫其流浸大是爲大富水又東南過潭濱河口饗河口而與小富水會水出牛角尖之

南碑記掀其地有池形類生成大徑丈許亂石環錯中壓大赤石泉從石罅涌出下注山溪將雨有聲其異香難名狀經二三日則水暴溢沛然若潮之出於峽也土人謂之暴水泉東南流逕應河畈至出山店上花山坑水注之又東南至小富街得天生堰水又東南逕太陽山東至青鸛口太陽山之泉自西南來注又東南歷沙子畈至㶉河口入於大富水二水既合是爲富水河又名撞河以與㶉流交撞也東南逕鵝子巖祇宋河鎮廣厚可以浮舟又東南逕富水寺即古富水縣故址又東

南過三汊河至七里畈流入應城縣境屈曲東南流逕應城縣治西過皇祠港鐵牛壩南流逕櫟林市至掛口水分為二一曰小河由掛口西南流逕濫泥河入石羊湖出邵家塝與大河會一曰大河由掛口東南流逕牛堤口至鄧家塝與小河會東南至八埠口洸濫為大澤復出分流一達漢川出刁汊湖遠杲芝之山會潰水入於漢一由五同口至兆涇塝入於江　參京山應城二縣志

按水經注謂兩富水皆出太陽山然二水實距太陽山之上南流七十餘里始逕太陽山會於䨼河口是

太陽乃二水之所經而非二水之源也州志直錄酈注而不加考核殊爲疏矣

敖水出山之南麓黃仙洞其上有水沒坪地廣百餘畝四圍皆山水無所洩伏流數里自黃仙洞出西流至雷打石趙泉河水注之南流至左家臺一名邵家臺下合楊葉溝鄒家坪水其水皆伏流自高家洞出滙爲黑潭西流至左家臺與黃仙水合西流至白蓮坡合沒絲洞水水出圍魚坪地與水沒坪相埒水亦伏流自沒絲洞出台十子溝城子寨蕭家塔諸泉源之水至白蓮坡與黃仙洞

水合西南流逕念佛亭至古佛巖得其泉水又西南逕克林坡至大河頭聚石嶺水注之又西南逕石廟至響水潭合芹菜河水水出青峯山紫陽洞西南流爲芹菜河又西南注於敖水敖水又合京山換嶺之水西流爲八折河其水屈曲八折故名南流出溫峽口西南逕楊梓鎮南流出敖口下直河逕安陸府城北達莫愁湖過西門橋出獅子口入於漢

按水經注云敖水出新市縣東北又東南逕太陽山西南逕新市縣北又西南而右合枝水又西南流注

於沔實曰敖口以今地勢考之太陽山在洪山東南所謂敖口者在洪山西南中間自魚兒嶺以下岡阜相連東南之水旣不能踰而西南又考古新市地爲今京山縣北境其故址距太陽山東南數十里若敖水旣東南逕太陽山以逕新市縣北矣水性就下安能又逆流一二百里西南流以出敖口乎鍾祥縣程志據敖口以窮敖水之源旣摘道元之誤而斷自黄仙洞出矣乃作新志者復據水經注以撥程志而又不能指明敖水之源所從出亦獨何哉徒見其疏愚

執泥而不通乎地理矣

支水州志云出大浪山東流至嵩山寺注於溳按水經注溳水會支水在均溠既入逕隨縣西之後今嵩山寺距二水上數十里與酈注不合酈注固多舛誤但未知州志何據姑闕疑焉可也

枝水鍾祥縣志謂出於大洪山之橫嶺按水經注枝水西南流逕襄陽都縣界考古都縣爲今之宜城縣在敖口西百餘里橫嶺在敖口東百餘里京山界內敖口東之水安能逕敖口西之都縣界而復東南流以注敖水乎

又水經注於敖水云右會枝水於枝水云左注敖水今横嶺在敖水之左敖水在横嶺之右亦與右會左注之文相戾豈大洪山有兩横嶺耶然求之洪山東南之水無有逕鄀縣界而東南流者惟西北天橋山娥皇洞西出之水之流爲豐樂河者亦爲大水而名不見於輿誌其所經之道去宜城不遠爲合水經注逕鄀縣界而東南流之文但此水由豐樂河以入於漢不注敖水又未可據以爲枝水也或古今川流改道或酈注有誤皆未可知誌之以俟博識者考焉　按水經注所紀洪山之

水於今可考者如溳水有溳口均水有均口漳水有漳口菝水有菝口富水有所經之太陽山及富水縣故址皆可因流以溯源惟支枝二水源流皆漫無可據不敢臆爲之說也

鴛鴦河在山之北麓源出舍身巖東北流合香鑪山水北流至長河與大竹園水合至長岡店爲溳水之上源

康家河在三眼泉西一里源出大壑冲北流至李家河入

溳水

腰水出山之西北聖泉寺前池廣半畝水性常温一統謂

之硫黃池其西數百步有冷泉與之合流東逕新陽店又東合龍頭橋泉水又東北逕龍門湮至茅荻畈入涓水

洗馬潭在山麓之北茅荻畈西相傳明洪武時趙璽家產一駒狀甚怪醜有回人奇而購之牽至此潭滌洗腹下儼如鱗甲乘行極爲迅疾產馬處今名龍駒臺距潭五里其水源出戴紫山東流逕顧家壋又東北合太和店水又東北滙爲潭至茅荻畈入涓水

安營坑水唐家畈水逕蓮花堰之右歷石門至三聖巷入

湏

歐家坑水黎家畈水由蓮花堰之左至三聖菴入湏水

痳魚河在東莊畈北五里一名馬王河俗以河中魚背皆痳因名其源西出花山砦東出黃崖山分流至觀音洞合觀音洞水滙爲一溪東流逕石龍埂出痳魚河與東莊畈水合

藥山水東西二源其東泉東流逕兩河口又東至安居店長慶堡入湏水其西泉西流逕朱家集又西至洪沙河入湏水

敦子河在三里岡東二里源出狠頭砦之南牛角尖之北東流逕楊家畈又東逕吉祥寺合聶王牌水又東至三里岡東為墩子河又北逕硯瓦臺臺廣十餘丈高丈許平壤隆起形微方水逕其東又北至下流畈入均水正源

十九山水東南流逕任家畈又東南逕古城畈合泉興寺水入安陸縣境實為漳水之東源

大洪山志　卷三

## 水源辨誤

洪山雄峙漢東盤踞安襄德三郡之境其水四注名見水經注中者凡九以名特見之溳也附溳而見之均也富也漳也石也支也附沔而見之敖也枝也澴也此九者皆四面輈於山麓者也惟娥皇洞水之西流爲豐樂河者亦爲大水而名不顯輿誌所載諸說紛紛源流支派頗多乖謬即酈氏所紀按之地勢亦有未合今旣詳其說於各條之下而復詳辨之於左俱以目驗爲斷後有作者備採擇焉溳與均水支水發源於山之北漳水發

源於山之東富水溾水發源於山之南敖水枝水發源於山之西南皆承衆壑以爲流而溳均與富則山頂之水亦分注焉此其大較也顧紀溳水者郡志謂其源於黑龍池不知黑龍池在山陰之東乃均水所源而溳水則源於山陰之西也隨州舊志與應城縣志又謂溳水源於洪山之黃仙洞不知洞在洪山之南乃敖水所出其水西南流抵安陸府之直河以入於漢而溳爲山北之水先北流八九十里而後東南流經德安府城抵灄口以入於漢南北異勢有若背馳非如淄澠之難辨也

疑其因誤傳洞名以致誤也紀均水者州新舊志並謂其出自佛皃嶺不知黑龍池泉上受山頂之水下抵山麓而後會數十里泉源之水經佛皃嶺以爲均川而指佛皃嶺之乾源以爲均水之所出此其誤也新志知溯源於黑龍池而仍不廢出自佛皃嶺之文亦未爲得也

漳水灕爲楊家河紀漳水者州新志謂其出自十九山是特漳水之一派耳而其源則軔於洪山之泉與寺合數處泉源之水流五十餘里而後十九山水自北來會之不得以十九山爲之源也京山縣志謂楊家河出洪

山之黑龍池則又誤均水之源爲漳水之源也水經注謂其出自土山之南土山與十九山相毗連去洪山數十里是酈氏亦未溯漳水之源於洪山也應城志又指楊家河爲灨水而謂其出京山境是特見其由京山以之應城而不溯其由洪山以之京山也水經注於溳水條下先紀漳水入富富水入溳而後於溫水入溳之下紀其右得灨水灨之與漳源流迥別楊家河實得土山之一派既合水經漳水之文似不得又以之爲灨水也山陽之水莫大於富富水之大次於溳也紀富水者水

經注謂其出於太陽山不知大富水源於洪山之白龍池爲山之南小富水則源於東麓迤南之碑記拔流數十里而後會大富水於太陽之東以之宋河是太陽乃富水之所經而富水之源固不出於此也故水之名見於溳水條下紀敖水者水經注謂其出新市縣東北又東北逕太陽山西南流至新市縣北又西南而右合枝水以入於溳溳即漢也據酈氏之說是以敖水源於太陽之東北矣今洪山在太陽西北五六十里洪山白龍池之水既東南流逕太陽之南而爲富水以入於溳太

陽東北之水何由踰富水而西南流以爲敖水乎鍾祥縣新志不指實敖水所出而其意則在舊志之據酈注者其言曰程志以直河爲敖口高志非之且程志以黄仙洞爲敖口之源高志駁之曰黄仙洞距城僅百里耳若上流無水斷自洞出可也今洞之上源山河曲折歷百餘里而未盡也昔人尚欲窮河源今既未窮其源姑仍其舊而輕議古人可乎所謂舊者據水經注而言也所謂程志高志者皆鍾祥舊志也不知洪山西毗連爲懸鈎山懸鈎山迤南魚兒嶺爲京山以下諸山之脊黄

仙洞之爲敖水源也限在山脊之西而自龍池之爲宮水源也限在山脊之東敖水之源固已竊於黃仙洞矣又安所謂百里之上源乎今欲阿附酈注以太陽爲敖水之上源抑知太陽於洪山固已爲宮水之下流乎鬲志未詳地勢而輕議程志未見其可也京山縣志亦引水經之言而曰敖水本出太洪山西南流合枝水入沔實不於縣境經過豈古新市固出京山外與然太陽固今縣山也姑記以俟博物其意固知敖水之不經太陽矣而猶爲有待之辭蓋猶於地勢有未詳也凡此皆水

源之宜證正者也至於水之會合與夫溳水大小之說則亦不無可議者酈氏謂漳水入富然按之地勢漳富中間連山相屬無相入之理其誤與謂溳水之入溠同不待辨也酈氏之紀溳水也曰洪山廣圓百餘里溳水出於其陰東北流合石水石水出大洪山東北流注於溳謂之小溳水輯州志者援其說以水之源於山麓經長崗店而會於茅莢畈者爲石水爲小溳水以水之出娥皇洞經雙河而會於茅莢畈者爲大溳水其意以娥皇洞在洪山之西其水東來爲合東北流合石水之文

不知註支於湞水石水皆言東北流者據上唐鄉以下之大勢而言耳若以山麓地勢而言則娥皇洞水之趨茅茨畈也自西北而之東南於酈氏之言東者得之而於北之義爲乖長岡店諸水之趨茅茨畈也自東南而之西北於酈氏之言北者得之而於東之義爲戾同一不合何爲取遠於洪山之水爲大湞水而屈近於洪山之水爲小湞水乎湞水石水皆出洪山其切近洪山而泉源之盛者宜爲經流而大稍遠洪山而非泉源之盛者宜爲支流而小今自黑虎埡以西娥皇洞以東數十

里山谷之水皆滙於茅茨畈自洪山往來謂之東河自娥皇洞來者謂之西河東河自發軔洪山得名泉十餘股經四五十里以抵滙所源遠而流長娥皇洞在天橋山雖峯巒重疊然以洪山視之則培塿也雖亦有泉然不如軔於山麓者之多且盛而容納遠近同此會於茅茨畈之水不取其遠出於高大之洪山與泉之盛者爲大漬水而取其近出於培塿之小山與泉之細者爲大漬水乎不取其即出於洪山者爲大漬水而取其離洪山五六十里者爲大漬水乎予謂凡洪山西北之水皆

湏水也而大小之名可以不立必以大小論則自山之北麓而往者爲大湏水自娥皇洞而來者爲小湏水爲石水愚生長洪麓習其地理敢據所聞見以辨羣説之誤且以質之博雅君子

# 大洪山志卷四

洪麓高福滂育亭纂輯　南院釋本嶷校刊

## 古蹟

基址　碑墖　題名　營壘　郵市　墓域

勝蹟遺蹤所以深景慕也凡人生平有所作爲當其情酣意適初不過暢然一往追至事過境遷俯仰追憶有不覺其感慨之從何而生者又況生乎百世之後以視百世之上其人往矣其所作爲吾不得而見之矣幸其遺蹟猶有存十一於千百者而我得以摩挲憑眺於其際其爲感慨流連又當何如也哉洪山

僻處萬山中地當南北之衝迭遭兵燹古蹟之湮沒者不少然自唐慈忍初著靈跡此山遂爲道場至宋華律爲禪叢林大盛及明密邇顯陵達官貴人往來其閒其遺蹟之有可稽考而足深景慕之思者不忍沒也就所聞見用臚列焉

## 基址

狀元屋基在白龍池西畔相傳爲鄭毅夫故居樵牧皆能道之按史稱獬爲安陸縣人應山縣志又以爲應山人皆與隨爲接壤其嘗僑寓於此固無足異者又一統志

載獮嘗病熱夢浴於大洪山之南池中使身未至此何緣知爲洪山之南耶其地背山面水景物清幽至今遺磚敗瓦塡委榛莽焉

養馬屋基在懸鈎山腹其地雖懸巖千仞而近身平敞相傳爲古人養馬處按宋史德祐元年朱端履知隨州事徙治於大洪山黄仙洞而元末大洪一帶爲巨寇老馬劉所據不知此養馬者爲官爲寇

張武陵故里在山麓東北蔡家畈其地今名桂花園武陵唐寶曆時人卽捐洪山爲慈忍結廬者

何文毅公故里在佛兒嶺東南何家店太傅微時所居今
其祠墓猶存地名何家享堂

平林城在山麓之東古城畈漢中興初平林人陳牧廖湛
起兵號平林兵城於此以應光武　按水經注漳水逕
隨郡平林縣故城西與新市接界考京山志古新市在
今縣北境於唐爲富水縣今宋河富水寺即其故址又
小富水所經之三王城乃王匡等屯兵處中興之兵有
新市平林之號則其地之毗連可知古城畈距京山北
境不遠與水經注新市接界之文相合州志青林山下

云元末兵亂平林明玉珍率鄉人結屯相保於此今書
林山及玉珍祖墓俱在古城畈則是明玉珍爲古城畈
人而古城畈爲平林縣地矣漳水所經自古城畈以上
皆山境狹隘聖場以下即非隨州之境惟古城畈地勢
平曠可以建治漳水適經其西南而古城與故城音義
相通又其地有將軍臺亦似因陳牧等得名按之地理
考之水道古城畈即平林城所在無疑但酈道元注水
經已稱爲故城道元距今又千百餘年遺址漫無可據
特誌之以俟博識

舊州志謂平林城在治東北八十里不知陳牧等起兵之平林與新市接界爲漳水所經若在東北則地理水道皆不相合緣不知隨境有兩平林故也考五代志史上明平林縣下有漂水鸚鵡山今漂水鸚鵡山在州東北百餘里漳水在州西南六七十里兩地相去甚遠蓋東北漂水所經乃魏所置之平林縣以隸義陽郡者西南漳水所經乃漢之平林陳牧等聚兵處也新州志亦據新市漳水以求古平林地但未實指爲古城畈耳古俗訛爲古聖又訛爲古震於義皆無所取

雜花臺在山頂鐘樓峯之東相傳爲宋牧蛇禪師拜禮華嚴處臺亦名嚴華里人周之仲有詩載藝文

東莊臺一名望莊臺在山麓東莊畈高氏别業輝玉山房之左地勢高曠平疇綠野一覽而盡四圍茂樹美蔭終日夏日登之可以忘暑者孝昌羅德霖有東莊臺納凉詩載藝文

南莊臺在山之南麓鍾祥縣四面壘石爲基清泉縈帶其前

將軍臺在古城畈爲漢陳牧廖湛等聚兵處爾時豪傑并起必各立名號以相統率其屯營所在有將軍臺宜矣

温泉亭在新陽店西北二里明宏治時知州李充嗣行經温泉愛其形勝甃石爲池於池之上覆以小亭扁曰温泉亭又於前搆屋三間以爲屏障莆田俞釗爲之記亭圮久矣故址猶存記載藝文

亭子巖驛亭在山北長岡店之東二里地爲古驛自隨入郢之要路也古有亭以憩行人故以名巖亭久圮并遺跡無可尋者

接官廳在山之西麓再西爲城牆埡明時因顯陵在郢有司謁陵者歲時多往來於此故有接官之所廳久圮然

田隴中遺磚敗瓦蹟尚可尋又三里峽及四聖庵等處亦有接官廳

關口廳在東麓之關口埡古於此設關口以遮出入故亦設廳以備供張廢圮久矣考史宋末知隨州事者鄭大洪山黄仙洞爲治德祐元年十二月元兵破大洪山當日南北分疆此山爲必爭之地其有關口有廳宜也

鄰靈山館在靈濟巖之左畔高啓時公所搆與孝昌進士羅仲山同里貢士周烈山講學於此於巖之上下遍植桃竹及雜花卉爲遊賞勝地

剩波軒在靈濟巖之南半里許里庠生高翔書屋也取祝公以圝靈濟巖詩剩波一勺多意名齋

輝玉山房在山麓東莊畈高氏家塾也右依山林左臨平疇雙泉繞其東大洪峙其前不出門而山光水色可接於几席之間雲夢江楸園孝昌蕭鼎村鄭芝之田及里人郝洪北高木齋諸先生前後講學於此

水閣堂在東莊畈之下爲高氏家塾地臨溪水隔岸石山拱列山上有寺名青龍菴郝玉軒孝廉嘗授徒於此有水閣堂即景四絕句

雙栢祠在山之東麓蔡氏宗祠所在也祠前爲公王殿未審何神疑即當年土人以祀武陵之子倚慈忍而得道者殿門雙柏黛色參天數百年古物也

選青軒在亭子巖東一里喻氏書塾也雲夢江楸園嘗授徒於此向來花木林立有辛夷二株高三四丈大數尺圍花時如晴霞之麗空老桂一株團團如蓋花時香聞數里今辛夷已伐爲薪惟桂樹猶存

響泉書屋在長岡店西南一里郝洪北先生所居書屋之後曰銀尖山懸巖左峙下有古洞前臨溪水終日泉聲

淙淙不絶

## 碑塔

妙濟寺碑宋大明五年立其字剝蝕已盡張公新州志謂歐陽文忠公集古錄蒐羅天下碑刻殆遍而於隨之義井紫陽先生墖銘及此碑俱不見收殆不可解愚謂天下之大其地僻事隱爲紀載之所遺者亦多矣豈獨集古錄爲然耶

靈峯禪寺碑記宋翰林學士張商英撰給事中鄧洵武書碑有二石立於萬壽禪院者今猶完好載入藝文道光庚寅冬靈峯寺掘得半石文與書法并出一手

萬壽寺了庵禪師重建碑記元至元時立將仕郎鄧文原撰載藝文

萬壽寺記元翰林學士參知政事黄溍撰載藝文

萬壽寺重建山門並請藏經記明嘉靖時立巡撫南京刑部尚書顧璘撰載藝文

佛兒嶺重修望湖寺碑記明嘉靖時立應城進士陳士元撰

大洪山頂重建楚山望剎碑記明崇禎七年立州人秀水縣知縣田見龍撰載藝文

崇寧萬壽寺重開山碑記禮部尚書胡濙撰浙江道監察

御史莊昇書成國公朱儀篆額

重建萬壽寺功德碑記清康熙時立興泉兵備道鍾祥賀

運清撰載藝文

靈峯寺重建祖師殿碑記康熙元年立鍾祥盧自超撰

三聖庵碑記雍正時立庠生高翔撰載藝文

重修靈峯寺記生員高鐸撰處士高楹書載藝文

歷代禪師墖銘碑俱在萬壽寺前

恩禪師碑承議郎范域撰承議郎韓韶書朝奉郎韓照篆

額

楷禪師碑朝請郎王彬撰宣義郎范寅亮書朝請郎張好

古篆額

遂禪師碑敷文閣直學士文安縣開國伯馮檝撰朝請大

夫知復州軍吳說書並題額

淳禪師碑承議郎韓韶撰通直郎韓晧書朝散郎韓昭篆

額

慧禪師碑朝請大夫知襄陽軍榮嶷撰朝請大夫知復州

軍吳說書朝奉大夫魏安行題額

顯禪師碑張淵撰文

碑皆建於宋代乾隆時畢秋帆制府嘗遣官摹搨

白龍池碑宋重和元時立記築隄始末及置水磨事碑今完好土人覆置池水出口處以通行人池水四時澌流

其文不能詳審

靈齊巖詩碣明萬曆時知州浙西祝以豳立祝公屢遊此山刻所作五言古詩於石置之岩洞中嘉慶時星庠朱高伯衡先生恐其毀於樵牧移置家塾輝玉山房今猶完好

胡烈婦碑有二石一置墓上一置孔道雙泉池畔

歷代禪師塔在劍口上半里自宋紹聖革律寺爲禪院於時住持洪山保壽禪院者以報恩禪師爲開山自報恩至慶顯其可考者凡六禪師瘞骨之墖并在萬壽禪院左右與寺相去二三百步萬壽禪院元所賜號也於宋爲保壽禪銘載藝文

藏經墖在豬龍陂上宋嘉祐時洪山僧所建以藏經者也高三丈七尺藏經五百一十六函墖陰有碑具載先後寫經人姓名乾隆五十一年郡中有無賴子穿掘墖旋

方磚二十餘層其下中空得青石匣一貯以香灰灰內金像三各高三寸許赤銅壺一舍利子數十粒色澤瑩潤有欲索之者弗與訟於官知州信保勘驗以物貯庫

花山砦墖在花山之南地名墖兒灣墖高丈許上有磚誌字跡漫沒不復可識

湯池寺墖在暖水之南山上高可丈許建始無考

大洪山志（卷四）　十

## 題名

大埡題名在山頂鐘樓峯東北二里即石梁石柱所在也於鑿取石柱之巖壁上鐫宣和六年淮南六字此下模糊審視之似未鐫刻者或爾時多事之秋鐫字未畢因警而罷亦未可知石梁石柱之委棄不用或亦此意州誤宣和爲永和又以爲在山之北皆覈之不實也

黄仙洞題名在黄仙洞外有石高五尺上題胡少濟少溢於此伏水三旬胡不知何時人其字以手隨石形高下而畫成者指絡之痕宛然疑爲仙者之流也

仙人洞題名及洞額左右兩壁上所鐫凡數十處其可辨者右壁神仙二大字萬歷缺年仲春缺隨州知州李大謙十二字又詩一首惟萬古山中一洞天句可識餘俱模糊後題隨寓粵西馬缺知州戴九偕書萬歷三十七年季春共二十餘字左壁仙人洞三大字興都洞天四大字皆大徑尺許旁小字惟過游至此四字可識上下皆模糊又題名記約二百餘字字大徑寸許石泐參差文與人名皆不可辨

靈峯寺題額幽濟眞宗唐文宗勅賜楚山望刹明秀水知

縣田見龍題

萬壽寺題額崇寧保壽禪院宋崇寧間勅賜漢東佛國道

光時州牧滇南竇欲峻題

黃龍池題額霖雨蒼生乾隆時州牧北平鳳翔題

大洪山志　卷四　十二

## 營壘

安營坑古營在洪山西十五里其地左右空谷前後連山相屬於稍平坦處剗地爲營營踞高勢其形正方外周以壘前剗平地大二三畝左方亦剗平地大可一畝營中古木叢立蓋閱年久矣里人郝益庵詩云何年此地列長營故壘周遭氣勢横虎嘯寒巖如發合風搖灌木似垂旌蒼蒼野色雲千疊莽莽斜陽鴈幾聲愧我明時無補報閒尋舊迹一含情

鄉營會在三里崗之東下里畈明末流寇之亂麋生高拱

極團練義旅結營於此今以名其地

長嶺馬鞍山營在長岡店西十里嘉慶二年白蓮教之亂

元戎衡將軍惠中丞駐兵於此故壘猶存

牧馬嶺硯瓦臺營在東麓三里崗北二里嘉慶二年惠中

丞德將軍前後駐軍於此

古城牆在山之西麓地名城牆埡牆高數尺長可里許皆

巨石爲之當路爲門甚濶又西至歐家坑及天橋山一

帶山脊皆有城牆連絡之勢殆將百里或云爲興獻園

寢而設明季護衛顯陵主客兵至十萬人當時流寇如

雲險要之地其有牆垣以爲遮衞宜矣又或以爲元末巨寇老馬劉所設未知孰是

古煙墩在長崗店東一里地名煙墩坡東莊畈及下土門亦設焉明之中葉承天爲陪京園寢重地當時工役之煩拜謁之勤護衞之密有司道長故於此地設驛站以紀路程而備軍警從此東抵佛兒嶺以達州城西抵界山埡以入郢東一路荒亭廢驛歷歷可紀

教軍廠在山北雙河陳家畈縱横里許相傳爲陳將軍太初校軍之所其後裔多有士著於此者詳墓域

大洪山志　卷四　志

## 郵市

落湖郵在山之南麓相傳山有大湖二一龍居焉龍鬬崖崩湖水南落故其下謂之落湖郵以今之地勢審之龍鬬巖上山谿逼狹既不可謂之太湖龍鬬巖下蜿蜒三四里直至將近劍口今之所謂洪山寺者乃得平曠地可百餘畝但以此爲太湖又不應所崩之崖在上而所落之湖乃在下且既已龍鬬而崖崩崖崩而所落矣又何待仙人之劍斷崖口耶然則其言固未可窮究詰也至明一統志及州舊志又謂山頂有太湖不思山勢峻側

慈忍初營梵宇猶因山爲基高下錯落宋報恩禪師改建鏟削芟夷乃正方位何處著湖而云大平至新州志則以爲居民緣湖聚落故謂之落湖村斯亦可備一說耳

東莊畈在山東北麓其地平壤數百畝四山環繞雙泉合流山水兩擅其勝高氏土著於此

蔡家畈在東莊畈東南三里豬龍陂之下地有唐張武陵故址遺磚敗瓦及石礎之屬猶有存者蔡姓土著於此

師古塆在狠頭砦東北五六里四圍高山屏列林木際天

境最幽僻昔榛莽中有古碑題曰顏師古修眞處村之得名以此世咸以爲注漢書之師古也然考之本傳師古瑯琊人生平並未吏於隨惟隋仁壽中因李綱之薦授安養尉俄失職歸長安不能調安養在今襄陽縣境内豈失職之後未歸長安之前或游覽羈旅此地歟名士一生履歷固非史氏所能盡詳也但秘書大儒不宜有修眞之目且不宜以搶爲名又疑後來方外之士有與秘書同姓名者如黃仙洞之黃石公與子房所遇之黃石公同號亦其例也姑識之以俟博雅碑石今爲耕

夫所毀

覃家畈在長岡店西北十里三眼泉水經此與長岡店水

合寶湏水

蓮花堰在覃家畈西十里堰久廢今以名其鄉喻姓土著

於此清流縈帶石門竦峙境最幽勝

車輻里在三里崗東北十五里以地形圓如車輻因名其

中沃野百頃林木暢茂有雨臺石門之勝

南莊在山麓之南去郊郢六十里當宋元時洪山道場之

勝僧衆至千百人其供給之莊各有僧主之此與東莊

皆其地也

虞家店在山麓東莊畈古市也久廢今以名其地上有古

煙墩

長河店在山之北麓長岡店東南三里古市也久廢今以

名其郵鴛鴦河水經此謂之長河

長岡店在山之北麓潰水之所經也其地有珍珠泉銀尖

洞諸勝

黃土埡店（俗名南烏龜頸）在長岡店北三十里土地埡東流之水

合諸水爲均水之西源

新集在黄土埡東五里地有延褒山及陳侍郎故址

朱家集在長岡店北二十里藥山水經焉

鮑家集在朱家集東五里魁頭山水經此西流至朱家集

茅茨畈店在朱家集西十五里長岡店水自東娥皇洞水自西與諸水合流於此實溳水

雙河店在茅茨畈西十五里娥皇洞水經焉

新陽店在長岡店西北三十里有冷泉暖泉有任烈女坊

三里崗在山之東麓十里康熙四十七年里庠生高肇文建其地有崗長三里市居其下故名市東溪水與壋子

河水合爲均水之東源

何家店在佛兒嶺北十五里佛兒嶺下流畈水自東新集水自西與諸水滙於此實均水

何家店在尚家店之東何文毅公舊宅在焉

張店在三里崗東三十里泉興寺水合雞冠山水經此爲漳水之經流

劉店在張店東二里張店水經焉

周店在劉店東南十里周姓土著於此東樹埡等處發源之水經此至雙河口與泉興寺水會

古城畈在劉店東十里十九山水經此前至兩河口與泉

與寺水合寶潭水

白果樹店在三里崗東二十里小市也洪山牛角尖南碑

記坡等處發源之水經此謂之小富水地有大銀杏樹

天生堰在其後

小富街在白果樹東南十五里小富水至此合天生堰水

前至汊河口與大富水會土人沿溪多設水碓舂構皮

爲紙

墓域

工部侍郎陳壽墓在山北烏龜頸碑與翁仲爲樵牧所毀遺石猶存

將軍陳太初墓在山西北陳家畈墓碑中題明大將軍陳太初大人之墓旁載太初豫章人從明太祖征伐有功就封於隨卒因葬焉考明史洪武時自徐魏公馮宋公藍涼公外無爲大將軍者太祖功臣亦無就封於隨者且隨非邊疆重鎮似不應有大將軍之設而太初名又絶不見於國史殊爲可疑按封典例武弁自五品以上

其誥命皆爲將軍或太初以偏裨守官於隨曾膺誥勅而後人不知誤以爲大將軍也

貢生高一等墓在山麓之環山樓子灣子科禮部儒士墓在聶河之龜山一等字映洪明嘉靖時貢

貢生喻佩墓在山麓沿河坑之老屋灣佩順治九年貢

景陵知縣高拱極墓在山麓東莊畈之亭堂灣

貢生朱集濂墓在山北牛耳畈之九畝坑集濂亦人先生之子客死於此因葬焉

舉人祝多壽墓在山西北新陽店市後祝應城人客死於此貢生羅維客有

墓誌碑文附後

公姓祁氏諱多壽龍溪其別號也世籍應城中康熙甲辰恩科舉人客遊隨西容先君嘗師事之蓋隨西知名士半出公門下也後授鄖西教諭與尹不合遂去官鄖陽太守延掌書院久之乃歸公既仕不得志乃復遊隨教誘後進時老矣意落落然酒後耳熱猶隱几讀書聲出金石老趣橫溢也辛已歲客死於隨門人遂鳩葬是里馬明經趙濤齋公老門人也歲時祭掃欲紀碑未就其嗣君守默承先志篤師誼偕其嗣張君鳩集衆力勷

成義舉此可見公之遺澤在人而諸同學多古人誼也倘後之覽者推而衍之修理而拜掃之今日之公成義舉莫非千古不朽之盛事也夫後學羅維容頓首拜撰

舉人郝玫墓在長岡店東南亭子巖之西麓有碑

胡烈婦喻氏墓在東莊畈胡家灣有碑

白羊山古墓在山麓上半里許有三墓甚巨乾隆時最上一墓隧門頹毀有牧子入視其內磚砌幽室極爲堅緻以銅組懸棺漆色如新旁有夾室懸小朱匣長三尺許幽室外壁爲牖以通明可目覩不可身入也時有農夫

羅定國於内得白甆大碗一个金箸一雙攜之以歸行數武即有旋風隨之甚急定國懼送還原所乃止里人以土封塞其隧今猶巍然

蘇侍郎墓在山南太陽山之東麓蘇不知何家人宋開熙二年奉勅建長慶寺塚死於此因葬焉墓前有碑字剥落失其名

賈侍郎墓在山北賈家畈賈明初官兵部墓碑已失名無可考

武舉喻時言墓在山北秦國林

# 大洪山志卷五

五雲山人郝　謙盃庵
洪麓逸史高福湧育亭　纂輯　南院釋心印齋本嶷同校刊

## 形勝志

山川猶是，有令人經過焉，而爲之心曠神怡者，形勝足以動之也。昔人謂行山法道上，使人應接不暇。洪山雖無吳會之佳麗，然巖巒參差，其間仙洞靈湫，探之不盡，亦自攬一方之勝矣。至於要隘之區，其形勢可以弭奇制勝者，似非山志之所宜及，然嘗考之載記，洪山之在前代不爲居民所保聚則爲寇盜所屯據夫士君子生於其地而使名山汙於潢池亦不獨鄉大夫之辱矣向使講之有素而制禦得宜不亦未雨之綢繆也哉故并撮其要者著於篇

舍身巖爲洪山絕頂山有三峯此其北峯也石壁千仞下臨無際登之以望襄鄧郢鄂一覽而盡相傳唐張武陵隨慈忍入山修道得仙其妻尋之不得舍身投巖白雲乘去故名

龍鬬巖在洪山南麓白龍池水流經巖下而出劍口巨石

森列邐迤天矯如龍之鬭故名

古佛巖在山之南麓就巖立寺人緣石磴而上古木森立地勢最爲幽奥巖下天生石佛畧加鑿削而已石佛之下旁設迴廊前環池水池長而色碧源自巖際下流四時不竭上施板橋以通人行遊其中者頓消塵壒之想靖果園荆南道志於鍾祥山部所謂孤樓巖懸空數十丈者即此是也

瀑平巖在劍口之南石壁嵯峨下臨石磯巖端水常濡漬欲滴陰雨則巨瀑懸瀉濺珠噴沫吼若雷霆地出紫石

可爲硯或曰以其瀑也謂之瀑平巖或曰古有駐兵於此者謂之步兵巖 以上南麓

靈濟巖在山麓之東莊畈山不甚高巨石林立突怒屹[illegible]氣象萬千山趾一洞內極深窅俗名祖師洞洞右斜上徑石鋒稜纔容半足左逼右虛下臨絕澗藉引而行盡數十武有平地如小圃西面巨石屏立高丈許長一二丈中穿如門由石門入則虛敞豁然一洞向明敞如亭軒謂之高洞去下洞可十餘丈窾鏬剝蝕有不可名狀者元黄學士記慈忍初入洪山爲武陵祈雨得山之北

巖湄然宴坐運誠默禱即此處因其後加號靈濟故以名巖也明知州浙西祝公以幽屢遊此洞愛其淸幽製石桌石几以爲遊者憩息并鐫所作五言古詩於石藏之洞內石牀石几乾隆時猶存今爲樵牧所毀詩碣藏高氏家塾州志以祝公紀事及石牀石几紀入仙人洞者非也巖下地勢平敞康熙時里宦高起時解組後築鄰靈山館與孝昌羅仲山里人周烈山講學於此不知圮於何時巖今猶爲高氏業

亭子巖在山麓之長河店爲往來通衢相去半里有舊設

烟墩土人謂之烟墩坡蓋古驛所經也巖西俯臨平野巨石危立相傳古有亭子故巖以之名今已無復遺跡矣案州志於佛皃嶺望湖寺云地爲入郢要路謁輿獻園寢者轎軒所必經既經佛皃嶺則必由此路抵城牆埡以達於郢達官貴人之所往來其有亭館以備供帳宜矣其地西入郊郢南通漢沔北之樊鄧秋冬月明行旅終夜有聲山麓有舉人郝玫墓

牡丹巖在山麓之黑山石壁數十仞陡峭下瞰多生野牡丹故名

獅子巖在山之西麓高三四里輕尾昂首狀如獅子故名

山木叢蔚四時蒼翠相距里許又有小獅子巖

泉水巖在雙門洞之南壁立千尺形勢東向其西三面皆

山中間窊如釜底水流前逼於巖勢無所洩從下穿穴

潛沫而入不知其所從出或曰出於黃仙洞或曰出於

雙門洞然水勢就下則以爲出於雙門洞者信也

## 洞

仙人洞在山麓之五里坪石尉 峭聳豁然罅裂初入內大若數十間屋高二三丈不等東西石壁上鐫有明人題名及所題洞額凡數十處洞頂石隙水液滴瀝終古不斷凝爲鍾乳垂如冰柱其下圓而大者狀若小阜又或形如馬槽水梘數十相連土人肖其形名爲仙人田與穀堆焉進內一二里許有風洞涼風颯颯砭人肌膚又有火洞熱氣蒸然如行炎日中水經注云中多鍾乳望齊冰雪又云穴內常有風熱者蓋謂此也中有一溪循

溪深入形態萬狀詰曲蜿蜒窅然無際明嘉靖中尚書顧璘秉火深入見石壁書云西南可行東北勿往來出省志載此事而誤云州北知州王訥言亦嘗遊此爲數十炬莫窮其源曰可想而知遂出事詳州舊志案山陰陳鼎著滇黔紀遊所載貴州觀音洞深七百餘里鼎嘗於洞中行九日半達都勻境以出又指揮方紹宗先亦遊盡洞境此洞深邃諒不至如所云云惜無勇於探奇如方陳二君者明州人程敏肅公有仙人洞詩

雙門洞在仙人洞之南深窅崎仄水勢常滿人不能入門

外數十步天生石梁狀若滿弓長數十丈濶四五尺厚與濶等南北屬於山距當中去地數十尺上生冬青野竹洞外石壁多秋海棠花酈道元所稱石門夾鄣謂此與仙人洞也而鍾祥志紀入黃仙洞不知酈氏所紀爲湞水發源處在洪山之北而黃仙洞在洪山之南其誤甚矣

倒洞在雙門洞之南洞在山半其勢窊下須倒梯而入入內不須震撼自然有聲如馬滾地初起聳身颭動狀亦一奇也

黄仙洞在山之南麓勢最宏敞宋元之際南北交訌時知
隨州事者若傳安國朱端履等皆即洞爲治其官目云
黄仙洞行隨州事某則其地之險要可知鍾祥縣志云
洞之山爲黄仙山相傳黄石公憇此故名黄石公乃高
僧之號山中水陸寺即其所建非圯上之老人也洞外
有石高五尺上書胡少濟少謐於此伏水三句胡不知
何時人其字以手隨石形高下而畫成者揩絡之痕宛
然蓋亦仙者之流也其論洞水則程志以爲山即敖水
發源處既摘酈道元之誤又引酈氏注涓水云洪山下

有石門夾郭幽穴潛遠即此是此山又爲洪山敖水又曰溳水姑存俟考程志者鍾祥舊志也據此是鍾祥縣舊兩志於山之大小水之南北有所不能辨矣隨州舊志應城縣志亦以洞爲溳水之源說詳水源辨誤鍾祥人陳鼎有遊黄仙洞詩

老龍洞在萬壽寺西山巖中出地丈餘内深難測清泉外溢涓涓不絶歲旱禱雨輒應洞口古碑上刻大洪寶山聖水龍王八字年代款識不可識認

子陵洞在山麓之楊家畈相傳爲嚴先生隱處上負危巖

下濱溪水洞內涓涓泉出旁有子陵廟其碑刻曰子陵先生祠案京山志亦載有子陵洞而云據史氏所紀子陵不至其地然愚考之本傳當光武郎位子陵隱身不見披裘而釣之日夫亦何所不至耶史氏亦紀其有關紀載者耳固不得而盡詳之也

葶家坑古洞在山之北麓嘉慶時獵者逐狐狐入洞隨以入其中窅然甚濶枯骼枕藉軀幹甚偉不類南土人兵器有腰刀鐵錘之屬席簟箱籠皆係燒殘其未燒者撿之成灰豈明末避寇人死於洞中者耶凡入洞避兵者

最畏火攻不可不戒也至人爲營齋醮并瘗之復以土塞洞口洞內有石形圓而扁狀如柿子色黃

觀音洞在山之北麓洞在山腹據洞爲寺石磴層級而上上層玲瓏剔透不減眞普陀也洞之前後左右周圍數里皆石山突兀渾如鑄成并無土壤頑鈍可笑其深窅細坼處好生冬青野竹四時常青亦復可愛石髮產此一路山上

銀尖洞在山麓之長岡店山石危立下臨溪水洞口郤出人須徙上而下亦倒洞之屬也洞內多怪石可供園林

清玩洞左爲銀尖灣里人郝洪伯先生書屋在焉

穿洞在山麓之王家畈洪山溪水循洞南而西（即溳水正源）洞此崇山疊嶺周匝無隙水從山竅北來而洞以石礙屏乎其前水怒抉罅以與洞南溪水相合其罅處謂之穿洞深廣各數丈

娥皇洞在山麓之天橋山相傳舜妃娥皇女英所經洞最奇秀入洞之初阻於潭水深杳莫測其底緣崖線路猿引而行其內復有小門再入無復潭水淨石平坦中有玉皇閣石龕天成梯乃得上又有石觀音石蓮花皆自

然不假人工洞躧天橋山下其水東流逕雙河抵茅莢畈爲西河與洪山水會洞西之水至豐樂河爲大水

大洪山志 卷五 形勝 九

## 泉

雙泉在山麓東莊畈溪水左畔上泉據龍王壋口下一泉當孔道地名橋頭水清泚甘洌流數十步入於溪抵下流畈逕佛兒嶺會諸水爲均水泉畔有胡烈婦碑邑人高綱立沿溪舊有桃花林數里不斷花盛之時蒸水如霞極爲佳賞高蘭圃先生有雙泉看桃花詩載藝文

珍珠泉在山麓之長岡店泉出池中狀若珠子萬顆齊湧杳難名狀流數步入於溪溪畔泉凡數所有於溪水中流湧出沙際者有於平地石罅流出者有於山趾石縫

流出者相去祇一二百步而惟珍珠泉惟最勝皆溳水之源也至澴潭爲大水

左泉右泉在北麓之茯苓窩其地左右有泉右一泉在平田中左二泉出於澗谷逕樓子灣合流抵王家畈與長岡店水合

三眼泉在山麓西北五里坪之下泉有三泓故名水出平地大如車輪遠聽聲如怒吼近年有南漳人於泉之下流設水碓以造竹紙水逕覃家畈抵冬青岩與長岡店水合

南泉在上坪雙門洞之西泉不甚大夏日南風作則泉暴溢灌溉功倍常時里人以為候

石門泉在北麓之蓮花堰泉出溪畔上下二處流半里許逕石門下石門山阿幽曠前列巨石若門水流至此縈迴衍漾皃藻搴曳山水兩擅其勝矣其水至三聖菴與長岡店水合

馬跑泉在山麓之南莊臺水出青峯山下石窟狀如馬蹄相傳古有行兵於此路渴無水馬以足踴石石穿泉出故有馬跑泉之名其水逕南莊臺西入於敖水

洗鉢泉在南麓劍口之下泉出石際清澈可鑑相傳慈忍洗鉢於此

潮水泉在萬壽寺南京邑界中地名潮水坑危巖聳峙泉出石竇春冬不潮夏秋常潮潮則有聲如雷潮止而靜潮時水濁靜時仍清其水入大富水

瀑水泉在牛角尖之南碑記坡池形生成大徑丈許內有數石環錯中壓大赤石長五尺有奇博二尺許厚如之泉從石縫湧出流注山溪終古不竭天旱欲雨有聲嘶吼甚異經一二日則水暴湧而出若兩枯榫之列於川

也土人以此占驗不爽小富水實濫觴於此焉

湯泉在山麓之聖泉寺泉出山趾四時常溫一統志所謂硫黃池也州志謂之煖水明知州李充嗣甃以爲池構亭其上額曰溫泉莆田俞釗爲之記西二百步爲冷泉二泉經蘄陽店至毛四畈出西河與長岡店水會

三鼎泉在山麓之盤龍嘴泉出巖石間淙淙不絶泉畔有泉與寺其水至楊家河爲大水

## 池堰

黃龍池在山頂僧廚之右周五六丈深丈許甃以石面爲之門當汲水處上有霖雨蒼生四字額乾隆乙未州牧宛平鳳翱所題也池足供千人炊汲雨不溢旱不竭禱雨於此輒應

蓮花池亦在山頂久堙嘉慶二年以避亂人保聚於此須水者衆掘至丈許竟未得水而得鐵羅漢像及敗甲弓矢之屬其甲絡以鐵線不知何時所掩棄也

豆腐池在山頂南下二三百步池小而淺水清洌山僧爲

廟則沒於此池故名

白龍池在懸鈎山南麓一統志鄭獅病熱夢化爲龍浴於池山之南池中即此是也往時長里許二面以山爲限闊可千餘步今因上流二面開山土石隨水下灑遂壅其大半古跡不可遂沒行當與靈峯萬壽兩寺住持商之須共爲長遠之計也池既濶大地又幽寂烟波泛灩盪人心目鳬鷖芹藻隨風蕩曳魚大者至百餘斤又有魚狀如鮎而有四足陰雨則緣木啼號凄切如小兒聲蓋鯢之屬也土人謂之猢猻魚池畔有宋重和元年碑

記當年築隄始末相傳池有海眼當年慈忍建立梵宇於牂牁夜郎募得巨材投之江海都從此池底湧泛而出未畢適值鷄鳴一株陷於池故於今池中猶有杉木影萬慈舊志及州志并載其事然嘉慶時因隄决水落衆目共覩所謂海眼與杉木影于果安在耶詭異之談固儒者所不道也池爲富水之源至宋河爲大水

黑龍池在山半馬鬃嶺之右去山頂三里許旁有小廟以奉龍神水從石窟中流出池大不數步而窟之深窅難測禱雨者用大竹竿入窟撞之名曰淘池須臾濁水泛

溢石窟内轟轟若雖雷聲不頃刻黑雲彌布而雨至矣

考之州志曩時官吏多於黑龍池祈雨所狀地形與此

相合而今人多指此爲南龍池而以馬鬃嶺左畔之南

龍池爲黑龍池誤矣二池并在山北而州志謂黑龍池

在洪山之南尤誤甚二池合流於四聖庵逕佛兒嶺至

均川爲大水

南龍池在山半馬鬃嶺之左無復池形石壁下畧低窊耳

清流洮洮不絶歲旱禱雨亦驗

豬龍陂在山麓之下土門涯濆孔道大數十畝灌溉甚廣

岸上有宋嘉祐年間洪山僧藏經古塔其南有白羊尖秀峯聳削相傳武陵禱雨之羊入於此山

燕子池在懸鈎山北山巖中小池也每年春分燕至之時羣飲池中以數萬計經一二日然後散去秋分將去亦然土人以土堙之後不復至矣

天生堰在山麓之王子尖羣山四阻水聚成堰體勢自然不費人力故有天生之名堰大與白龍池相埒其中亦有鯢魚京山志謂之⿰石亞⿰石亞魚猶洪山土人之言禍禍也

堰西北勢無可洩而東南灌溉甚廣四畔山木叢合煙

雲香謂南下荷池數畝花盛之時好事者遊賞題詠號
爲佳景

寨柵

洪山寨高峻陡峭頂上平敞可容萬人有天池水波之不竭宋靖康時土人保聚於此馮檝撰淨嚴和尚塔銘載其事至南宋末南北交爭此山實爲嚴疆考元史本紀世祖命大洪山避兵民還歸漢陽其爲居民保聚可知自後兩相攻奪互僑州治於此元末爲賊將老馬劉所據相傳老馬劉等連絡四十八寨大洪其一也洪武元年鄧愈國初平定之明末爲諸寇出入之地寨之廢興未詳其實我

朝嘉慶元年自蓮教匪滋擾地方居人保於其上府元戎恒將軍檄佐領邁德率兵來此控禦要害久之乃撤營去案荆南道志於京山關梁門洪山寨大洪寨分而爲二蓋其誤也

銀頭寨在山之東麓山頂石城周圍里許其下有洞大可數畝吉祥寺水發源於其南師古塌水發源於其北銀頭新州志改爲齋頭意欲易俚爲雅耳不知山以象形得名易爲齋頭何所取義耶古人史策於地山川只仍俗名如晉書甘卓傳軍次豬口魏書朱榮傳豹吮泉之

類要以據實取信是編所輯率遵此義而發凡於此

王子尖寨在山之東麓高峻可二里許其南麓爲天生堰其水入小富水

元保寨在東麓之三里岡壘石爲城城內有香火廟嘉慶元年土人避難於此掘得米麥等糧色黑如漆以上東麓

白雲寨在北麓之土坳壘石爲城環於峯頂城勢高低不一四面有門正中當山絕頂剗平如大宅址其下凡百餘區每區石平其前敗瓦壞器之屬相積蓋前朝居民保聚於此者皆爲白雲山山下有白雲寺

花山寨在白雲寨南壘石爲城內外三層高險與白雲寨相頡頏山下有異石土人謂之飛金石詳物產

延褒寨在山東北麓距新集　里山四面陡峻明季居民保聚於此石城遺址猶存北有易馬崖相傳有張洪沈黑二人智勇絕倫寨中推爲首張獻忠經此不敢犯只於崖下易馬而去山腰有泉下注滴水巖灑作瀑布宛如白練懸空山麓有古冬青樹依以立廟謂之冬青廟

青龍寨在西麓之虎家畈高三里周七八里峯角突起蜿蜒崖巔上有石城舊名腰盆寨嘉慶元年里人關仕鼎

與鄉人避難於此改易今名并爲之記寨西里許有楝樹一株生於山羊高四五丈大數圍蔭周二百餘步枝葉叢翠可入畫圖

要隘

靈官埡山西麓要徑也埡西爲縣鈎山東爲洪山其地去山頂三里許離五雲坡山麓已十餘里矣崎嶇險峻南下劍口北至長岡店嘉慶二年白蓮教匪之亂幕府檄佐領邁德率弁員二人滿州兵襄陽義勇各五十人暫戍此埡與山上避難百姓互爲應援以山爲漢東要地也官兵駐此經百餘日然後撤去

魚皃嶺在白龍池西嶺爲鄖復諸山之脊鍾祥人入洪山者道必經此

劍口在洪山寺南石壁千尋劃然中開白龍池水從此而出來處地高下抵石磯懸流倒瀉迅疾怒號夏漲秋霽聲撼陵谷或曰神人劍斷巖石謂之劍口或曰澗水之所由瀉也謂之澗口澗旁有桄榔樹圍十餘尺狀甚奇古

大埡東麓要徑也地勢陡峻嘉慶二年適德分兵駐劄於此

關口埡在山麓四聖庵連山横亘中通一峽乃洪山東出要徑古人於此設關故有是名豈宋元之際宋履端徙

治大洪山之時與
土門在山麓之王家畈下土門在山麓之豬龍畈皆斷
山岡以通人行斧鑿之痕宛然
黑虎埡地處兩土門之間南通漢沔北之襄鄧明時爲入
郢謁陵驛路舊有驛記碑乾隆時猶存今搜訪無得之
者
土地埡在北麓之觀音洞埡地高峻去平地可三四里洪
麓之北州治者東由佛兒嶺西由土地埡
城牆埡在三里峽之東連山亘阜壘石爲牆當路有門前

明驛路所經

三里峽在城牆埡西三里二面皆山溪出於其中入綠溪

行蜿蜒詰曲設伏邀情於此爲宜峽長三里故名

界山埡在三里峽之西由隨入郢之要道也南去爲界碑

埡北去爲連楙埡又北爲椴樹埡葛藤埡連山疊嶺其

可通人行者卽爲要徑

大洪山志卷六

五雲山人郝　謙纂輯　南院釋本嶷校刊

## 建置

天下事舉於時成於人二者相須爲用而時爲大昔人記洛陽名園而謂園林之廢興可以驗世道之盛衰誠哉是言乎叢錄山志至於建置而不覺慨然有感也洪山之爲道場自唐慈忍始其後迭經兵燹廢興不一及

我

朝承平日久廟貌維新護國庇民永遠無極嗚呼是非所

謂得晴雨興之驗與山頂南院兩刹相望其所由來者

久而凡梵宇之周於山麓者皆所以嚴憑依而申祈報

以及橋梁之建設所以濟不通而王政之先務也彙而

錄之又以見値其時者之必待乎其人

靈峯寺

寺踞山頂於唐爲幽濟禪院於石晉爲奇峯寺於宋爲靈峯寺幽濟禪院有唐陳陶詩奇峯寺見於歐陽文忠公集靈峯寺見於張天覺碑記而靈峯之名遂炳焉至今案自唐寶歷時慈忍大師來自五台行抵洪麓爲里人張武陵祈雨獲應張氏因施此山爲建精舍因山構基高下錯落極山居之勝師槃涅於太和二年有司以靈異蹟上賜號慈忍額其院曰幽濟晉天福中賜奇峯寺額宋元豐元年又賜靈峯寺額皆以禱祈獲應故也此

後廢興不一至元祐二年州人覃道辰捐貲建寺稍復舊制及紹聖元年革律爲禪詔以少林寺報恩住持洪山時山寺蕪廢已久恩至遂鑿險爲平闢其南面以正方位今山頂方位恩所定也師廣施法雨遠近悅服檗荆榛蓬藋之藪爲像設堂皇化豺狼狐狸之區爲鐘魚梵唄於是大洪精舍壯觀天下時刺史張商英爲之記其後南北兵爭洪山日罹鋒鏑紹興乙卯淨嚴守遂來居此山時襄漢纔復百里無人山頂僧行逃散存不滿百師勸勉緇徒復修院宇大闡綱宗逾年僧衆遂至七

百自此靈濟廢而復興至孝宗乾道元年覃道鍾復修西殿焉自是以後文籍莫考明天順元年因羅奇厄遂至頹廢山頂破殿數椽不蔽風雨萬歷四十一年蜀僧廣祥廣吉自五台挂錫於此爲人所欽重乃復冠山爲寺募諸檀越凡大佛殿祖師殿鐘鼓樓護法伽藍左右丈室次第竣功經始於崇禎辛未仲春落成於甲戌季夏額曰楚山塹刹今山門寺額是也時州人秀水縣知縣田見龍爲之記後三十餘年廣祥之徒惠洪號大璋者慨神宇之鏬隘山門之圮壞毅然以煥新自任時値

歲旱師自竭鉢貲兼以募化功竣於康熙元年鍾祥八盧自超爲之記歷年既久復就傾頽僧衆分析莫能修理嘉慶時寺僧西教參訪遠歸顧瞻興慨乃懇勸合家與方丈妙清等協力經營募材重建始於丙子訖於丙戌由是廟貌維新宗風復振里生員高鐸爲作記焉

崇寧萬壽禪院

院在山之南麓於宋爲保壽禪院於元以後爲萬壽禪院亦曰萬壽禪寺皆冠以崇寧二字保壽禪院見於恩禪師以下塔銘萬壽禪寺見於元鄧文原碑記案萬壽寺未詳厥始洪山舊志於洪山事蹟一切無考州志於寺觀統言靈峯寺而以靈峯萬壽混而爲一山頂山麓錯雜無分即從來一切文籍亦並無詳萬壽寺建造之始者考張天覺靈峯禪寺記紹聖元年外臺請移洛陽少林寺長老報恩住持崇寧言崇寧其爲保壽可知恩禪

師塔葬於政和元年而塔銘碑額已有崇寧保壽之目則寺之建造當在紹聖政和之前至保壽之易爲萬壽也州志以爲元至元中僧宗明重修殿宇勅賜今額然詳鄧文原明禪師重修碑記並無勅賜寺額之語惟元黄溍鄂州崇寧萬壽寺記云宋末隨數被兵洪山爲南北必爭之地民既離散叢林亦無安居制置使孟珙與都統張順度地於鄂請雲菴興自隨州捧佛足及累朝所受誥勅徙寺額僑置焉（所徙或是崇寧保壽之額）仍奏請賜今名曰崇寧萬壽與興爲之開山崇寧萬壽之名蓋始於此

鄂城之寺既以隨之洪山爲之源隨之洪山亦即因鄂城敕賜之名而易其舊此理之固然無足異也至寺之廢興所可見者政和五年乙未丹霞淳禪師因隨守向公之請住持保壽禪院時院經回祿之後巍峩黌構化爲荒墟師至悉力營繕增壯於前逾年之間復就者十九衲子依投衆幾五百保壽禪院之盛大概見於此矣此後廢興不一迨元初至元時寺之兼廢已極僧了菴宗明卓賜於此復以禱雨有應衆爲重修寺宇治基之穢壘淵之崩規定既成巍然焕然照映林谷時鄧文原

爲之記元季山爲巨寇老馬劉所據山頂山麓寺宇皆在峯燧矛戟之中明正統間僧通賢號徹宗者受檄自南京來主法席建殿閣置經藏宏治間燬於火其徒宗節及蓮曇等募衆施重構殿閣崇飾諸像嘉靖初住持宗然復建天王殿及丈室儀觀盛備而僧紹滿置五大部經繪諸佛像崇庋閣中巡撫顧璘爲記明季迭遭兵燹至我

朝康熙時寺僧萬慈遊方歸見其寺　老僧殘瓦礫興悲毅然興復於是紺殿崇巍三門壯麗鐘鼓有樓西方有閣

廚庫丈寮楚設大備荆邑賀運清爲之記其後又被回禄燬其一半靜一師叅訪既歸重建蘭若大闡宗風事詳墓碑自是之後因各僧分刹而居漸就剎落至道光四年方丈清曉與照歷宏明等深懼宗風之替乃共議合家請州牧劉觀亭給示勒碑又請繼任州牧寶松溪爲作募疏合聚錙資增置田畝重新殿宇於是雲房紺宇彌亘山谷晨鐘暮鼓永遠無替矣

衆寺

四聖庵在馬鬃嶺下建始康熙四十二年今以名其墟盖古剎也應城進士陳士元有過四聖庵詩

吉祥寺在東麓之獅子巖原舊寺在華家畈自乾隆時僧寂覞號阿那乃移於茲其地有象嶺獅巖諸勝創置田土闢山之趾鼎建宮殿設席開講厥後通徹之徒心愷重建蘭若崇飾法像大開法席而吉祥寺遂爲叢林勝地愷之弟慈印與徒智住了本亦以精勤了本於道光九年復開講焉寺後班竹最佳

廣德寺在三麓之三里崗街南雍正時岩首寺僧無爲牽徒月松主席於此遂爲叢林

回龍寺在三里岡街北雍正時里庠生高炯捐地鼎建道光　年鄉人重修焉

雨臺寺在東麓之車輻里地名鳳凰山寺舊在山下建始無考乾隆初萬壽寺法嗣覺圓來此住持乃移建山上殿宇三層疊進若階級然古松環列左右前臨絕壑後顧大洪極爲叢林勝地乾隆時覺圓大開法席歲旱爲州牧胡公祈雨獲應由是四方延禱者接踵無不響應

如神因名寺爲雨臺焉覺圓之徒創置廟田里庠生尚

學濬代作碑記

望湖寺在佛兒嶺古寺久廢明嘉靖中里人尚瑚嘗見此山中夜放光乃卽舊址建眞武殿翼以兩廊前建茶亭施茶以濟行人蓋地爲入郢要道爾時謁與獻園寢者輶軒所必經至此得休息焉

妙濟寺在東麓之靈泉山卽沈約宋書所謂五水嶺也俗目其寺曰五港寺寺有宋大明五年碑字剝落不可識隨之境内碑無古於此者

泉興寺在東麓之盤龍嘴幽徑廻旋層巒環向寺左清泉出岩石間淙淙不絕前澗中多奇石森列水際州人陳占祥有泉興寺詩其水流出爲漳水

東白雲寺在東北麓之辰山舊碑稱宋乾德五年建寺有普同塔乃與寺同建者寺舊名黄雲康熙初僧青雪重修遂改今名　以上東麓

南嶽廟在長岡店後山上地勢高敞南顧大洪北挹白雲花山諸峯之勝其下衆泉所滙市北首有祖師殿門前銀杏一株聳然青秀

東岳廟在山麓之杜家台溪水流其前洪山當戶青翠欲滴

三聖菴在白麓之鏞秀山寺後有百闘和尚墓乃乾隆時重興此寺者

李家廟在李家河建自國初嘉慶丙寅後里人李萬載父子兩經重修以爲課讀之所庠生高學宣爲之記

西白雲寺在白雲山上寺内銅佛像十餘座今皆散佚寺亦圮壞

觀音寺在觀音洞最後一楹即洞爲宇遮以曲欄門前溪

水淙淙景物最幽 以上北麓

華嚴寺在山之北建於明初其廢興無碑可考至

國朝雍正時有沙門伏密重修廟宇創置田地數十年後

復就傾頹法傳及徒瑞庵又鼎新焉

太極庵亦在山北建始無考雍正時寂晨崇飾法像廣置

田畝百年以來蘭若盡頹道光初廣悟及徒續念憤志

重修改闢基址殿宇神像煥然一新 以上皆北麓

聖泉寺俗名湯池寺以煖水得名碑稱始建於唐天后時

未之詳也 西麓

蓮臺寺在山麓之古佛巖荆南道志所謂孤樓巖也寺踞山頂人緣石磴以上岩下有自然石佛水之積液所成其水與黃仙洞水出温峽口爲菽水

千佛寺在山之南麓建造以來興廢不一蓋古寺也

國朝報恩寺僧恒然悟入卓錫於此創立寺宇置買田畝乾隆初僧通徹有徒余書因大殿之毁撤而新之又約定恒規鐫諸石以垂永久厥後秀峯緒宗元霞昌霞皆能繼承祖緒不墜宗風

太陽寺在山麓東南太陽山相傳建於唐貞元中寺極宏

　　十

麗前賢題詠最多遭元末兵燹罕有存者明洪武中沙

門明慈得運重建以後相繼修理僧厨田畝環寺前後

有馬瑛及王格記

查山寺在京邑北境由洪東迤而南小富水經其麓寺肇始於大苞和尚自小石山與福寺飛錫於茲謀之士人建寺於山遂以山名寺及八世孫持清有志開闢於嘉慶十八年重闢山頂建禪堂方丈祖堂奈大殿未成而入涅槃其徒永照永壽募化成功此後各房出居小廟清師兄持恒之徒永福承先世所置田九十二畝獨居積累並傾私囊復置田乙百二十畝出居者還其監理香火遂以長隆勿替云

黃龍寺在山之西北前朝叢林也嘉慶十年有源和尚重

修廟宇大開法席二十四年妙能又主講焉其孫古峯受具嚴首飛錫普陀大開講席宗風不墜矣

寶峯寺山東北古剎往跡無碑可考　國朝有雲松月松同受衣鉢於廣德無爲禪師月松與其徒問世前後主嚴首廣德兩寺法席雲松與問世之徒明慧亦於本寺開講皆能克紹前修焉

香雲寺在山之東建於　國朝其先有自省自明受衣鉢於仁聖寺僧悟松嘉慶五年住持學尙設席開講道光十一年學寬又開法席祖印重光允爲禪林勝地矣

高峯寺在山之東北亦古刹也　國朝有船濟者鼎建蘭若增置田畝與其徒徹懷先後主席巖首石峯兩寺徹懷之徒修安自性真敏亦能克承祖令安之徒雪智又重修廟宇而更興焉

津梁

通洪橋在聶家畈前明里貢生高一等建洪山黑龍泚水由此以出故名

官橋在西麓三聖菴建始無考前明謁顯陵者路必經此橋已圮遺址尚存

鄧家橋在吉祥寺前里人鄧乾秀建乾秀嘗於荒年備絹衣棺櫬以濟窮困

張公橋在三里岡後里人張體元建

福壽橋在三里岡街南里人楊元齡建

龍頭橋在卓家畈其橋高峻東畔有泉一所水逕聖泉寺
與淺水合

尚家橋在山東北三十餘里

太平橋在山之北里人馬德仕年無建修此橋又於橋邊
施茶以濟行人後連生二子

廻龍觀橋在山之西里人李某因無子獨修此橋後生子英錫入庠

# 大洪山志卷七

盌庵郝　謙纂輯　　南院釋本嶷校刊

## 人物　耆舊　鄉善　列女　流寓　方術

洪山突起數千仞與烈山白水承天諸地連枝共葉其浩瀚葱鬱之氣鍾之於神農氏及漢光武明世宗而浩瀚葱鬱之氣窮至其氣之迸洩焉而爲英賢爲氣節者則未始有窮也而亦有盛有衰其衰也固爲地氣之所囿其盛也實爲山靈之效祉予因之有感矣洪山今日未免囿於地氣然以予所及見其間故

家舊族非無懷奇抱異卓焉可以壯名山之色者而卒以湮沒於無聞豈非命也哉以今例古則自有此山以來其懷奇抱異而卒就湮沒者何可勝道也哉

耆舊

唐

張武陵隨之洪山人也唐寶歷二年隨久不雨武陵率鄉人具羊豕將以致禱値靈濟來自五臺令其勿殺許爲代祈約以三日必雨武陵固亦異人遂許之及期雷雨大作普致霑洽武陵訪求靈濟得於山之壯巖即所謂

靈濟巖也武陵即以洪山施與靈濟爲建精舍遺其二子侍焉蓋洪山靈蹟顯於靈濟而成之者武陵也

宋

孟宗政字德夫山東北孟家橋人也其先絳州人父林從岳飛軍至隨州遂家焉宗政自幼豪偉有膽略嘗出沒疆場間開禧二年金人犯襄郢率義士據險邀擊奪其輜重補棗陽令轉京西鈐轄駐劄襄陽嘉定十年金人寇襄陽宗政設伏三方蹀血以戰金人敗走尋報棗陽圍急宗政午發峴首遲明抵棗陽馳突如神金人駭遁

十二年復大敗金人於城下追至鄧州而還十三年與扈再興等分道伐金敗金兵於湖陽擒其將趙興兒燔積聚墳營壘俘掠以歸金人自是不敢復窺襄漢累功遷荆鄂都統制仍知棗陽威震境外中原遺民來歸者甚衆皆發廩以贍創屋與居籍其壯勇二萬餘人號忠順軍官至團練防禦使信賞必罰好賢樂善爲一時名將循吏及卒邊城爲罷市痛哭子璟珙瑛璋皆爲將節錄

宋史

本傳

孟珙字璞玉宗政子嘉定十年金人犯襄陽駐團山宗政

禦之琪料其必攻樊城獻策由羅家渡濟河翼日諸軍臨渡布陣金兵果至半渡伏發殲其半詭可攻棗陽宗政命琪取間道刼金營破砦十八斬首千餘級制置使趙方奇之辟光化尉歷官京西副將紹定五年遷京西兵馬鈐轄屯襄陽六年金武仙與武天錫犯光化琪迺天錫壘一鼓拔之斬天錫俘其將士仙敗走馬蹬山獲其輜重牲畜不可勝計金守將多以城降七月攻馬蹬山連戰皆大捷遂破其石穴九砦武仙易服與五六騎遁降其衆七萬獲甲兵無算還軍襄陽轉鄂州江陵都

統制端平元年率師入蔡滅金兼忠義軍都統制留屯襄陽招中原精銳之士萬五千人分屯漢北樊城新野唐鄧間以備蒙古名鎮北軍二年移屯黃州上問恢復

對曰願陛下寬民力畜人才以俟機會問和議對曰臣介冑之士當言戰不當言和至黃增埤浚隍蒐訪軍實民來歸者厚加賑貸三年蒙古寇襄陽荆隨郢復皆陷江陵危急珙受檄應援先遣張順渡江自以全師繼之破蒙古二十四砦還民二萬餘人嘉熙元年封隨縣男擢忠州團練使兼知江陵二年加京湖制置使安詔收

禦之珙料其必攻樊城獻策由羅家渡濟河翼日諸軍臨渡布陣金兵果至半渡伏發殲其半詭可攻棗陽宗政命珙取間道刼金營破砦十八斬首千餘級制置使趙方奇之辟光化尉歷官京西副將紹定五年遷京西兵馬鈐轄屯襄陽六年金武仙與武天錫犯光化珙遏天錫壘一鼓拔之斬天錫俘其將士仙敗走馬蹬山獲其輜重牲畜不可勝計金守將多以城降七月攻馬蹬山連戰皆大捷遂破其石穴九砦武仙易服與五六騎遁降其衆七萬獲甲兵無算還軍襄陽轉鄂州江陵都

統制端平元年率師入蔡滅金兼忠義軍都統制留屯襄陽招中原精鋭之士萬五千人分屯漢北樊城新野唐鄧間以備蒙古名鎮北軍二年移屯黄州上問恢復對曰願陛下寬民力畜人才以俟機會問和議對曰臣介胄之士當言戰不當言和至黄墻埤浚隍蒐軍實民來歸者厚加賑貸三年蒙古寇襄陽荆隨郢復皆陷江陵危急珙受檄應援先遣張順渡江自以全師繼之破蒙古二十四砦還民二萬餘人嘉熙元年封隨縣男擢忠州團練使兼知江陵二年加京湖制置使受詔收

復荆襄珙謂必得郢然後可逼餽餉得荆門門然後可以出奇兵遂召諸將指授方略發兵深入所至以捷聞是年復郢州荆門三年復信陽軍遂復襄陽十二月蒙古大舉入蜀號八十萬珙遣將分屯設策備禦遂復夔州四年拜寧武軍節度使四川宣撫使兼知夔州節制歸峽鼎澧州軍馬兼京湖安撫制置使至鎮招集散民爲寧武軍釐蜀政之弊爲五條班諸郡縣乃擇險要立砦柵集流離安耕種立賞罰以課殿最俾諸司奉行之大興屯田以給軍食又創南陽竹林兩書院以處四方

流寓之士淳祐二年蒙古復寇蜀珙分兵禦之下令出
戍主兵官不許失棄寸土權開州梁棟以乏糧還珙曰
是棄城也斬以徇由是諸將畏命惟謹拜檢校少保進
封漢東郡公五年移鎮江陵登城歎曰江陵所恃三海
今變爲桑田自城以東直至三汊無所限隔敵一鳴鞭
可至城外乃修復內隘十有一別作十隘於外有距城
數十里者沮漳之水舊自城西入江因障而東之俾遶
城北入於漢三海遂通爲一隨高下爲蓄泄三百里間
渺然巨浸遂爲江陵天險六年薨於江陵府治時九月

戊午也。是月朔，大星隕於境內，聲如雷轟之夕，大風發屋折木。帝震悼輟朝，贈大師，追封吉國公，謚忠襄，廟曰威愛。生平忠君體國之念，可貫金石。在軍中與參佐部曲論事，言人人異，徐以片言折衷，衆志皆愜。謁士遊客、老校退卒，一以恩意撫接。建旗鼓，臨將吏，面色凜然，無敢涕唾者。退則掃地焚香，隱几危坐，若蕭然事外。遠貨色，絕滋味。其學邃於易，六十四卦各繫四句，名警心易贊。子之經，任策應司都統，兼知江陵。節錄宋史本傳，參以通鑑綱目及隨州志、襄陽府志

明

王鏞洪東王家樓人也洪武初舉人材授鎮江府通判擢知嘉興府入爲戶部侍郎致身盛德之世多所建白尋復出知嘉興府後免歸優游林下鄉人月旦必首推公云荆州省志並載

陳壽山北陳家垸人也洪武二十九年舉人授戶部主事遷員外郎出爲山東參政所至以愛民爲務以夏原吉薦召爲工部左侍郎皇太子監國南京壽日陳兵民疾苦又乘間言左右干恩澤者多恐累明德太子深納之

嘗目送之出顧侍臣曰侍郎中第一人也以漢王高煦譖下獄貧不能給朝夕官屬有饋之者拒不受竟死獄中踰年啓殯如生仁宗即位贈工部尚書謚敏肅官其子瑺中書舍人後歷官工部侍郎正直有父風明史本傳

何宗彥字君美山麓之東何家店人也舉萬歷二十三年進士由翰林累官至禮部左侍郎攝尚書事遇事敢言於福王之國東宮講學皇孫就傅及瑞惠桂三王婚禮無不據禮論列太子生母王貴妃薨典禮多闕宗彥爭之尤力及挺擊事起又言之深切蓋所以隆體統而重

國本也其他遇事敷奏時望甚隆光宗立拜禮部尚書兼東閣大學士天啓元年加少師兼太子太師吏部尚書建極殿大學士四年正月卒官贈太傅謚文毅子敦伯工部郎中敦仲廣南府知府敦叔鶴慶府知府敦季按察使副使孫近崇梧州府知府品崇肇慶府知府志崇中書舍人宗彥之弟宗聖萬歷辛卯舉人官至工部侍郎

周崇禮字凝元山之東麓人也天啓時爲浙江瑞安縣主簿遇倭寇圍城崇禮分守東門城外求入者哭聲震天

地守者皆胡越視之崇禮獨毅然啓門放之入曰城外民獨非吾民乎哉何忍立視其死而不救耶所全活以萬計論功陞福州府經歷

喻承嗣字於義山麓人也歲貢生崇禎十一年奉母朱氏避難州城二月流寇陷隨州母老憊不能出賊掩至承嗣以身庇母賊殺之母守其屍而哭賊感動乃去母得全人以爲死孝子震生入

本朝以貢爲休寧縣丞震生子怡能詩工書法例授州同見州志

陳奇抱字叔平山西北陳家畈人穎異嗜學以廉隅自砥萬歷戊午中副榜第一崇禎時授學職不就隱居教授布衣疏食泊如也性疏放自號爲詩酒布衣嘗題其門曰靜裏攤書渾忘世間中酌酒自稱仙其風概如此著有醉陶軒集子占祥歲貢生

國朝

高拱極字啓時山麓東莊畈人也明末爲諸生團練義旅捍禦以保鄉里入

本朝助守德安府城以功準貢授景陵縣主簿署縣事時

兵燹之後城邑爲墟拱極至剪除蒿萊招輯流亡課農桑葺學舍二年之間士民復業大吏察治行卓異薦陞知縣以志淡榮利移疾歸與孝昌羅誥同里周之伸講學於鄉靈山館篤志礪行老而不倦子炯字肇文州學生博通典籍處鄉里退然未嘗與人忤知府羅進春聞其賢時遣使存問年九十六乃卒見州志

周宗成字啓宗東麓周店人也廩膳生以子之讃貴誥封文林郎學行兼優性孝友好施予明末避亂鄂城城陷負老母攜孤姪自亂中歸團結義旅與鄉人保於青林

山歲頻饑復多方賑濟全活甚衆晚年身際太平講學於文昌閣曲成後進爲一鄉之望著有素心集疏水草數卷康熙五十一年奉文入祀鄉賢世給奉祀生一員

周之仲字又戡號烈山宗成子也與兄之伯俱以歲貢有名當世而仲尤穎異博極羣書倚馬萬言家本素封而淡泊自甘恬曠瀟灑朱奇生比之濂溪先生云著有人物遺考聞見錄光霽堂集藏於家

周之謨號紫溪之仲弟也以歲貢授常寧教諭倣胡文定公法以課士由是常寧之士多以才顯保陞廣東翁源

縣知縣調河南沈邱縣興利除弊愛民如子兩邑俱立碑頌德子孫世其家學至今列膠庠者十餘人

周覺後字先民東麓周家灣人也困而好學端午方濡墨爲文女奴以角黍盂糖餉覺後手角黍醮硯墨食之以爲盂糖也墨汚頰而不自知其苦心孤詣類如此中康熙丁酉科舉人揀選知縣

羅治字傳十山北芸湊畈人也乾隆癸酉選拔授遠安縣教諭縣故僻壤治至立課程嚴教法士風蒸然一變已卯中鄉試第六奉檄察江陵水災慨然目民困至此可

綏須臾乎勸上官亟拯之全活甚衆遷常德府教授以疾歸卒於家子五人次子世材嘉慶己未科進士世棟世楠世棠世彬俱貢生

高天佐字寅亮拱極孫也少以貲入國子監父肇文病癉廢學歸養躬負出入數年不倦嗣爲伯父肇義後事所後母羅曲盡孝養得其歡心曰日者謂我多晚福有子如此其言信矣生母蔡老而多疾每焚香告天祈延母壽蔡年九十七乃卒人以爲孝感云爲人慷慨有智略重然諾敦氣節排難解紛勞費不辭人重其一言鮮不

心折者輕財好施於宗族之貧者孤者撫養訓誨尤篤族人揆頌以詩曰詩書以外飢寒念宗族之間父母心益實錄也有司重其人公事多所咨訪其區畫謀議動合機宜裨益地方者甚多而妖人嚴金龍之事尤其彰彰者嚴金龍者京山農家子也掘得邪書專以妖術煽惑鄉人受其愚者蔓延數郡其黨有錢國英吳金玉李尚朝彭大彭二之屬私相部署剋期舉事冶工爲造兵器事洩金龍潛遁時乾隆三十六年也地當京隨界上大帥統兵搜捕居民震恐輕去其鄉先生躬謁軍門以

民情告館郡守鎭帥於家脯資餽牽供億維護徐爲別其良莠陳其方略罷入斯得民無寃者嘉慶元年白蓮教之亂年七十三矣猶團練義勇捍禦衝要賊不敢犯當事欲上其功辭不受州牧表行式本充鄉飲大賓部議

奏準給四品散秩年九十乃卒

喻於義字子由山北長河店人也祖時言康熙癸酉科武舉父儼任州庠生於義年十七補弟子員循例貢成均尋同正苦節多病勤侍湯藥嘗衣不解帶性倜儻好賓

客精武藝是時山中人戸稀少虎狼白晝行時與里中壯士彎弓射虎以爲樂歲歉鄰里有貧乏者稱貸施捨無所吝鄉人多稱述之子璠廪貢生瑶次子長青四子樾和俱用庠生

高銓字伯衡天佐長子也天資敏捷爲文數千言立就弱冠爲諸生名噪庠序應鄉舉不售遂絶意進取學爲詩古文有魏晉人風性和緩未嘗疾言厲色而風韻瀟灑吐詞如蘭人雖非素相知無不傾心向慕者父寅亮喜遊覽足跡遍天下年七十遠客清流署中伯衡匹馬孤

舟尋於數千里外閩越勾吳莫不畢至所在交其賢豪探其名勝及歸篋中詩草塡委焉平居坐臥一小閣購書數千卷旦夕披覽其中不與外事善書所至紙爲之貴

高鈞字秉之號蘭圃天佐仲子也弱冠食餼郡庠試輒冠軍博學洽聞志存經濟文章淸刻典茂詩賦尤傑出與儲進士嘉珩羅進士世材素齊名時謂之隨州三二鳳裁嚴整有不屑一切之意而慈祥愛人根於天性自遘教之亂有棗陽人避亂大洪居民疑爲教匪之竄入者

搏執數十人將戮之先生察其寃戒鄉人不得妄殺并爲授宅以居寇退始遣之歸其存心惠利皆此類也鄉舉屢薦不第晚以明經充正黄旗教習官一時館閣名宿皆恨相見之晚生徒經指授者爲文皆有法度期滿以知縣待選銓部以親老歸省旋卒年六十一生平著作不自存稿多散軼居官時有古今體詩二卷竟陵蔣丹林先生序而藏之待梓行焉子五人少子福溎嗣弟鐸後次子福滂州庠生以文行世其家學

蔡漣字濯清山麓許家河人也弱冠補博士弟子員十科

五薦卒以不售以明經老性端方多義舉乾隆乙巳歲大饑民多流離出穀數十石移老弱宅傍空室朝夕給食得免轉徙者數十人里人何姓豐於財而恡爲饑民所略控於官扳援百餘人有瘐死獄中者然皆迫於饑非素爲不善者也漣詣何曲爲譬解何亦感服因同紳耆詣州營救繫縲皆獲釋其生平所爲類如此子家極州庠生

高揆字學聖號果亭東莊畈人川庠生好學能詩明醫術多活人於貧者不取直年四十卒未遂其志子學濬郡

庠生孫崇志州廪生著有學庸萃精鄉黨義諺行於世

關維號惺庵山麓庚家畈人州庠生事母能先意不績（續）朝夕侍養終身不懈敦行誼舉動不苟著有詩文若干卷藏於家

程士權字是經號達齋中乾隆庚寅科副榜授長陽教諭課士以節行爲先有干以私者輒引之密室訓以大義縣有私開鐵礦者官吏利其賄習爲常士權獨杜之由是苞苴路絕化行庠序士習蒸蒸歸林後長陽之士有不遠千里來省者益其善教之所感者深也

鄰師亶字公舉其先雲夢人父玟僑寓洪山遂家焉生十年而孤奉母命從師故里其族雲溪太史及諸耆宿皆器異之會雲夢大水仍歸洪山養母讀書里人罕見其面其學窮究經義探源竟委而尤留心於經濟自天文輿誌律歷兵刑以及壬遁岐黃青烏之術無不究也累舉不第以諸生教里中經其指授者爲文皆不苟同於俗好學之性老而彌篤晨夕鈔書不間寒暑善爲詩賦古文遠近多傳誦之年八十卒學者稱爲洪北先生著有志古堂全集待刊子謙問謙鄰庠生有述先堂全集

高度泰字宗五東麓師古埨人也與兄度度瀚弟度永皆溺苦於學有聲庠序而度泰尤能強識號稱博洽以廩貢授咸豐訓導咸豐古夜郎地風俗樸野人不知學度泰至以名行勵士訓課勤懇風爲一變歷當陽東湖等縣教諭皆不攜妻孥惟以一僕隨所得之俸分給貧士淡薄自甘及歸行李蕭然

## 鄉善

### 宋

覃道辰覃道鍾隨之洪山人也素行好善先後於元祐二年乾道元年捨財建寺及重修西殿事具張天覺靈峯寺記

### 明

尙瑚東麓尙家店人也好善樂施嘉靖時常捐貲重建望湖寺復於寺前建茶亭施茶以濟行人

高科字賓瀛山麓東莊畈人也以文學選禮部儒士家素

封嘉施濟嘗捐銅數千斤鑄靈濟大師像至今尚存子
拱極由廩生從戎以功準貢授景陵主簿陞知縣孫曾
以下列膠庠貢成均者數十人咸以爲行善之報云

本朝

喻鄉號湞西山北蓮花堰人也爲人有智略善排難解紛
鄉黨賴之所居頗擅林泉之勝田園自娛不騖榮利今
子孫猶世其業焉

## 孝行

徐之華雙河人母潘氏早没事繼母陳氏以孝聞嘉慶十十八年陳氏病篤之華割股救療得痊州牧陶紹侃署其門曰至性過人

趙武茅茨畈人父思齊病篤武割股以進父疾旋愈

按刲肝割股不在旌表之列懼傷生也然父母當危篤之際人子情迫不得已而爲此雖所行或過乎中庸而一念之忱自有可以動金石而感鬼神者非矯飾而爲之也附誌於此以勵孝行

附紀

明玉珍古城畈人身長八尺餘目重瞳子徐壽輝起玉珍與里中父老團結千餘人屯青林山及壽輝稱帝使人招玉珍玉珍以衆歸之以元帥守沔陽與元將哈麻禿戰湖中飛石中右目遂眇久之玉珍帥斗船五十艘掠糧川峽聞時元右丞完者都募兵重慶與右丞哈麻禿不相能玉珍用義兵元帥楊漢策回兵襲重慶走完者都執哈麻禿獻壽輝壽輝授玉珍隴蜀行省右丞至正十七年也已而玉珍襲破成都諸郡縣相次來附二十年陳友諒弒徐壽

輝而自立玉珍以兵討之不克乃塞瞿塘絕不與通立壽輝廟於城南隅歲時致祀自立爲隴蜀王以劉楨爲參謀楨瀘州人也明年楨說玉珍稱大號以係人心乃於元至正二十二年春即皇帝位於重慶國號夏建元天統立妻彭氏爲皇后子昇爲太子玉珍性節儉頗好學折節下士既即位設國子監教公卿子弟設提舉司教授建社稷宗廟求雅樂開進士科定賦稅以十分取一蜀人悉便安之皆劉楨爲之謀也明年取興元使參政江儼通好於太祖

太祖遣使報聘遺玉珍書言以孫劉相唇齒之意自後信

使往來不絕二十六年春玉珍病卒凡立五年年三十六子昇嗣改元開熙葬玉珍於江水之北號永昌陵廟號太祖尊母彭氏爲皇太后同聽政昇甫十歲遣使告哀於太祖巳又遣使入聘太祖亦遣侍御史蔡哲報之洪武元年太祖克元都昇奉書稱賀明年太祖遣使求大木昇遂并獻方物帝答以璽書其冬遣平章楊璟諭昇歸命昇不從璟復遺昇書諭以禍福昇終不聽明年太祖遣使假道征雲南昇不奉詔四年正月命征西將軍湯和帥副將軍廖永忠等以舟師由瞿塘趨重慶前將軍傅友德帥副將軍

顧時等以步騎由秦隴趨成都以伐蜀所向克捷師次銅鑼峽昇大懼用母彭氏命遣使齎表乞降授爵歸義侯賜第京師明年徙昇於高麗

## 流寓

### 宋

鄭獬字毅夫安陸人少負俊才詞章豪偉峭整舉進士第一通判陳州累官翰林學士權知開封府以不附新法爲王安石所嫉出知杭州後卒獬嘗病傷寒夢化爲龍浴於大洪山之南池中而愈今白龍池畔數百步有古屋基址相傳爲狀元屋基樵牧皆熟其名山中人不知附會蓋獬未第時嘗僑居讀書於此不然嘗夢浴時何由知爲大洪山南之池耶嘗閲應山縣志亦據夢浴事

而以大洪山於隨應壤相接辨獅爲應山人則獅之僑居於洪無疑也參錄宋史本傳一統志及應山縣志

國朝

羅詰字八書號東山孝感人中順治巳亥進士以母老病不待對策而歸極盡孝養力學弗輟家無宿舂泊如也聞遠近有同志者芒蹻襆被不憚訪求康熙十三年來洪山講學於鄰靈山館與里中高啓時先生道義相契申以婚姻第三子嘉善遂遷洪山卜居白羊山麓嘉會長子致闕嗣孫德需俱州庠生

劉佐明字公亮襄陽人順治戊子選拔萃考授州判借補山西太原府經歷署懷仁縣懷仁古雲中地當夷夏之衝經闖賊蹂躪城邑邱墟復以驛路騷擾差役殷繁民多輕去其鄉佐明至招流亡剔吏蠹設夫役遺黎賴以復安大吏察其勤廉薦陞浙江石門縣知縣復有惠政童子試以呂葆中冠首鍾朗次之後呂魁天下鍾入詞垣當世服其知人解組後卜宅於山麓西北娥皇洞之香沉河雅擅水亭花塢之勝士著今已七世然古籍猶於襄陽其故居士人名爲院牆灣云

郝玫字佩奎號玉軒雲夢下竹里人也乾隆初就婚羅氏遂遷洪山德性純粹篤志於學丁卯舉於鄉辛未會試薦元未第年四十三卒生平志存經濟不幸早世士論惜焉

羅德霖字康兆號后山孝感東山人進士詰之曾孫也年十六選拔萃教習官學期滿授河南密縣知縣歷福建南安清流等縣所至以才幹稱負性明敏學問淹貫善爲詩與古文尤工尺牘書法妙臻能品片紙隻字爲人所寶貴因從弟湘仲家於洪山歲時往來愛其山水留

連輒數月遂購産覃家畈爲歸休之計遠宦河陽竟卒於官未遂其志祝多壽號龍溪應城人中康熙甲辰

恩科舉人客遊隨州西里羅愼齋孝廉嘗師事之一時知名士半出其門下授鄖西教諭旋去官落落無所合乃復遊隨時老矣猶隱几讀書聲出金石簞瓢屢空宴如也竟客死於隨葬於新陽店後山

劉巖字魯詹東陽人家娥皇洞之使人溪少孤力學以上舍貢成均循例授咸寧訓導歷任羅田黃州保投隴西縣令時值逆裔章格爾之亂軍書旁午供應繹騷調度

有方軍興不乏而民亦無擾遷府貳卒於京邸子繼向

酉隍司巡檢繼岷州判先其父卒繼章藩經歷

## 方術

孫世瑛字子四鍾祥人乾隆時僑居長岡店以醫藥爲業性通敏能詩與文非所好也好武藝學兵法醫術頗有效驗治養生家言小屋獨處不畜妻妾與山中長者遊酒酣耳熱縱談天下事亹亹可聽年七十餘鬢髮如漆卒於所寓塟尚家崖世瑛名家子兄世璋拔貢生

王之紀字犖修州城附郭人以醫爲業治病不計貧富招之輒往予之直則受不予者不索也形狀魁梧精武藝多技巧性好種花凡花木經其封植移接者無不茂遂

人比之郭橐駝云僑居長岡店數十年容膝自安無戚戚之意年九十乃卒

## 列女

烈婦謝氏東麓庠生周宗昌妻長子之楨亦娶於謝卽氏之兄女也崇禎十年避難州城城陷恐受辱姑媳皆赴濠死

按州志載周宗昌妻謝氏賊陷城其姑方娠不能行遂相攜赴濠死是誤以後謝爲前謝而以前謝黍爲宗昌之母矣倫次顛倒名分乖錯推原所由蓋祇知宗昌之娶於謝而不知其子之復娶於謝也知兩死者有一謝而不知同死者實兩謝也兹據生員周以清節畧特辨

正之事詳周氏家譜

烈婦梁氏均州生員熊本厚妻遇賊被擄欲汙之不從且駡不絕口賊剖其腹而死

節婦黃氏喻家店州同周卜淵之妻也年十九守節至六十三歲雍正七年學使凌如煥題霜清柏勁額旌其門見州志

節婦周氏程同銓妻喻家店貢生周之仲女也年二十一夫亡撫子成名孫士權中乾隆庚寅副榜餘孫曾咸列膠庠學使以光同藝苑額旌其門見州志

節婦周氏東莊畈生員高鎮之妻也年二十四鎮没子度海甫數歲誓不再適養親教子苦節三十年卒孫奎斗州庠生州志省志並載

節婦洪氏喻家店貢生周超後之妻也年二十三夫死守節事姑嚴以教子卒年七十餘歲見州志

節婦陳氏延亭縣知縣陳坤女也適東莊畈生員高鐘甫八月而夫亡無子立姪度濬爲嗣苦節以終州志誤鐘爲鐘省志同

烈女任大姑新陽店任氏女也幼字羅世棻世棻早死大

姑往哭諸門毋強之歸越數日乘間自縊死乾隆時請
旌建坊於新陽店見州志

節婦時氏喻家店周克純妻克純早死氏苦節自矢卒年七十餘歲見州志

節婦周氏王家桂妻喻家店庠生周佑後女也夫死守節撫子子又夭與媳胡氏同撫嗣孫學使獎以扁額

烈婦陳氏西麓高家灣人也爲農民龔正華妻乾隆甲午歲旱正華欲鬻氏自活氏執志不可正華因與惡少謀強掠至鍾祥之三河店氏以情告逆旅主人乘隙自經

死里人執惡等鳴官鍾祥縣王李二令請
旨旌表以無人經理未及建坊三河店墓所有碑存焉

烈婦喻氏山麓喻秉綱女也年十六適同里胡士俊踰年姑没越七日士俊没又四日祖姑没氏經紀喪事畢盡散奩資於所親自縊於室

烈婦羅氏鴛鴦河羅德清女也適同里傅行善嘉慶二年白蓮教之亂氏與家人避難遇賊於狼頭砦山麓勢甚迫氏以衣帶於馬上自經未絕適有援於前奔赴而死

節婦王氏安陸縣舉人王旒之女也幼從父兄受毛詩論

語及班氏女誡能通大義年二十適東莊畈庠生高鍾踰年而寡立姪度潤爲後家貧績以課讀守志二十五年而沒

節婦喻氏山麓喻自警女也年十七適周克舉四載夫沒家貧無子立姪大定爲後娶媳李氏生孫天位而大定又夭氏與媳撫孤孫成立置產數十年畝鄉里賢之

節婦詹氏君子坑監生彭維運之妻也生子國瑞國瓚而寡嘗繼遭屬纊時意在殉夫以親老子幼遂斷一指置棺中以明其志守節數十年孝養舅姑教二子成名學

使陳崇本以額旌其門其長孫女適嚴氏家貧早寡養姑教子亦以節聞

節婦周氏娥皇洞監生周鎔之女隴西縣知縣劉巖之母也幼通孝經女誡等書年十九歸岩父爲義明年生岩父明年而寡事姑孝謹治家勤儉生惟一子而課之甚嚴卒以有成守節四十五年而沒嘉慶將奏

旨旌表建坊於棗陽縣學官之左以子官贈太孺人晉六宜人

節婦唐氏棗陽唐家城人也幼失怙恃煢煢自立端謹如

成人及笄適東莊販儒士高鏞生一女二子而寡家貧織絍自給寒冬冷夕機杼之聲達旦守節二十六年而卒

烈婦喻氏山麓喻丕仁女也適楊林店程焞夫亡無子自縊以殉學使署金字流香額旌其門

節婦高氏太學生天佑女也適安居店張鐩越五年鐩沒遺腹生一女撫從姪爲子家貧甚質宅償負歸依母家紡績自贍守志不移學使楊懌會署貞操勵俗棹楔勒於張氏宗祠其女適棗陽史履和早孀亦以節聞

節婦裴氏山北茅茨畈人適劉爲婦夫死家貧歸依母家母年老善病氏朝夕侍奉九年亽哀葬祖姑翁姑及叔翁之喪撫夫一弟四妹爲之婚嫁皆貧不廢禮提學賀熙齡以茹蘗全操額旌其門

節婦范氏茅茨畈人夫趙琢早喪氏年二十有三矢志堅貞上奉公姑下撫數歲子成立名列成均五代同堂年八十卒

節婦陈氏山北雙河人夫監生馮善娶氏於怙恃兩失之後經一年善沒氏年十八夫兩弟皆數歲撫以成立事

夫祖父母孝謹年三十八沒未及旌表

節婦羅氏尚家店彭正炳妻進士羅世材女也幼嫻詩書適正炳七月而寡立姪大域爲嗣撫之成立援例爲大學生學使王贈芳以額旌其門

節婦胡氏山北四方垸農家女也適同里張定志年二十六夫故無子立夫姪爲嗣苦節四十三年卒

節婦高氏東莊畈庠生高鋼女也適朱家集儒童余學超年二十一夫故無子立夫姪榮緩受嗣將成立而夭復立榮緩之弟榮紱事舅姑孝謹守節三十餘年提學賀

熙齡以清操誠孝旌其門

節婦程氏柳林店程士杜女也字山麓魯宗爲繼室宗故有瘵疾委禽後疾益劇結褵三日而殁氏立姪爲子撫宗前妻女愛如己出家貧冰蘖自甘而志無渝焉

節婦張氏雙河陳尚鈖妻也年二十六尚鈖没次妻鄧氏年二十子德湛方五月氏與鄧氏同志守節撫孤成立皆年六十餘歲卒學使王贈芳以雙節流芳旌其門

節婦程氏陳德洪妻年十九夫故無子苦節不移立姪孫以承祀王學憲以清節可風額旌之現年八十四歲尚

健

烈婦黎氏山北澴潭人適藥山張鑠踰年鑠歿無子氏省

母歸哭於夫墓入室飲藥而死

節婦秦氏東麓周天賦妻也夫故無子撫姪錫齡爲嗣舅

姑相繼歿氏奉祖姑盡孝葬公姑以禮學使王贈芳額

旌其門

節婦劉氏膺名業妻也年二十歸名業生二女一子而寡

家貧矢志不嫁現年五十三歲

孝婦喻氏三里崗高捷之妻落湖村喻廷燦女也高捷家

貧又屢值荒祲婦事姑裴氏日夜紡績以供甘旨裴年
八十染病在牀蓐者四年氏與夫服侍湯藥澣濯污穢
出自誠心始終無倦姑疾革執婦手曰爾善事我我無
以報惟願爾後有婦如爾也督學王贈芳廉其孝行獎
扁額現年八十有三子學英學宣州庠生有學行

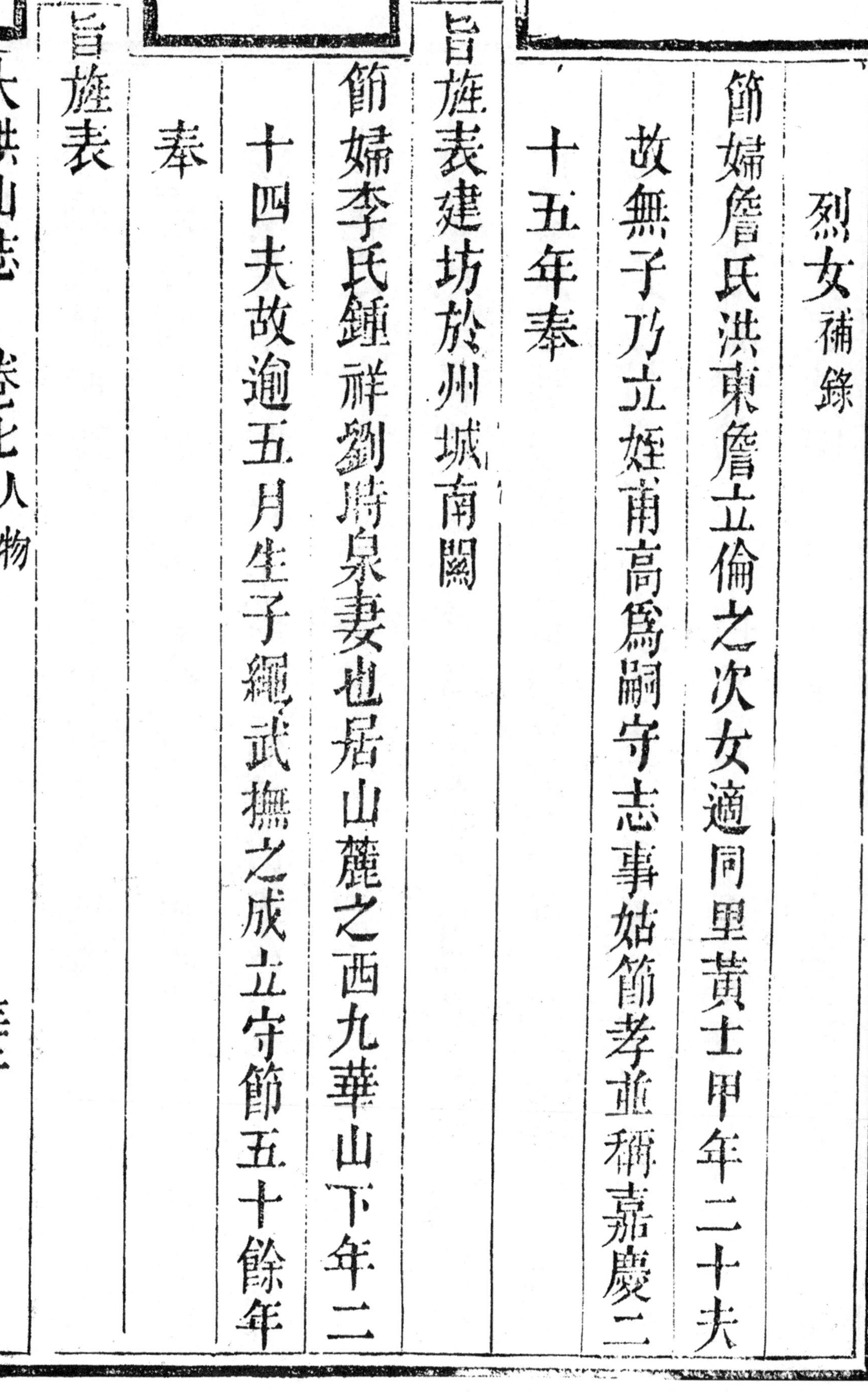

烈女補錄

節婦詹氏洪東詹立倫之次女適同里黄士甲年二十夫故無子乃立姪甫高爲嗣守志事姑節孝並稱嘉慶二十五年奉

旨旌表建坊於州城南關

節婦李氏鍾祥劉將泉妻也居山麓之西九華山下年二十四夫故逾五月生子繩武撫之成立守節五十餘年奉

旨旌表

節婦劉氏鍾祥李英昭妻也居山之西麓英昭没氏甚少矢志守節事姑以孝時介嚴冬姑患痰疾甚篤氏勤侍湯藥身不辭寒衣不解帶姑唾以手接痰數月不倦鄉黨稱之

孝婦嚴氏生員周文秀之母也年少守節姑有篤疾藥餌罔效氏潛割股肉和羹以進姑因獲痊學政朱士彥賜孝儀巾幗額旌之

節婦吳氏生員佘學川妻也生三子而學川没氏年二十有七撫孤守節二十餘年督學王贈芳旌其門

節婦梁氏東莊畈梁崑女也適均川熊可軌生一女一子而

夫亡家貧矢志不移傭寄食諸姻戚而償以女功人憐其節皆善遇之年九十終於其外孫周應桂家氏兄徽典有女適陳傳行踰年而寡亦以苦節終

節婦田氏山北王瀔妻棗陽生員田華女也年十八歸瀔踰年而寡無子撫瀔姪益謙爲嗣守節四十年卒

節婦曾氏西麓李英年繼室也年二十一夫沒子明賢甫八月英年前妻子明昇亦幼氏因夫族無親移居母家撫二子成立乃反故居督學王贈芳旌其門

節婦王氏山麓王宗義女也適同里喻珍嘉慶丙辰之亂

珍墓義從戎没於王事家貧子幼氏茹苦全貞孝事舅

姑撫其子朝柄成立年踰六十而卒

節婦葉氏大浿山陳漢文之妻也監生勳儒韋杰之毋夫

早死氏善事舅姑守義撫子學政賀熙齡賜節孝褒後

額旌之

節婦王氏大浿山陳彥廷之妻也年二十三夫死守節卒

年五十六二子選連孫學榮俱業儒

大洪山志

益庵郝　謙纂輯

法派

山川淸淑之氣得之爲賢聖爲英傑爲忠孝節義而其巖壑之幽奇泉石之詭異又必有絶塵離俗喆行鍊性者棲止焉以稱其奇而表其異故釋迦託迹於雞足文殊面壁於五台普陀爲大士化迹之場武當爲謝羅棲隱之地夫豈求之而至召之而來也哉蓋其靈異有以相感也洪山自唐慈忍肇著靈蹟宋報

恩繼闡宗風法席遂甲天下雖滄桑屢更而衣缽不

替其派别安可不詳乎特舊志缺焉未載山寺及無

法牒可考兹録其可知者闕其不可知者

唐

善信南昌王氏子受度於本州開元寺僧清照而契心印

於馬祖道一北遊五台爲衆僧所却有父老告之曰汝

緣不在此逢隨即止遇洪即住信遂挈錫南還以寶歷

二年秋抵隨州覩一山巍然問人知爲大洪山惕然思

父老語延緣而入至於山麓爲鄉人張武陵運誠禱雨

有驗武陵遂施此山爲建精舍太和元年五月二十九日信密語龍神曰吾前許以身代牲餧汝血食今捨身餇汝即引刀斷左右足白液滂流儼然入滅有司以聞賜號慈忍大師院曰幽濟後以祈禱有奇驗累加寺號曰靈濟

宋

報恩姓劉名欽憲黎陽人家世以武進未弱冠舉方畧調官北都忽求度剃以報罔極制可遂賜今名遊歷諸方往依青禪師於投子山一旦有觸豁然頓悟後居嵩山

少林寺紹聖元年詔改隨州大洪山律寺爲禪院命恩來住持時大洪蕪廢已久恩至構造堂皇大新軌範由是大洪精舍遂壯崇寧二年召入京都五年還山而終承議郎范栻銘其塔著有語錄若干卷

道楷姓崔費縣人少學神仙術棄而爲僧遍參知識最後於舒州投子山見青禪師一言深契青以明安衣鉢付馬元豐五年出世凡七坐道場如郢之太陽隨之大洪皆當世元老名公以禮延請後卒於沂州芙蓉禪院其高弟慶預遺徒宗幾致師靈骨建浮屠於大洪山之陽

朝請郎王彬銘其墖

德淳姓賈梓潼人（襄陽府志口襄陽人）始祝髮即究明教典復遍參知識至太陽訪道楷一見器之楷後住大洪命師立僧學爲衆標準師後住南陽丹霞山政和五年復主大洪保壽禪院衲子依投幾五百輩丁酉春不疾而逝承議郎韓諮銘其墖

守遂蓬溪章氏子出家後參訪一時尊宿依棲大洪開山恩禪宗命總院事政和戊戌出世歷主雙泉水南嶼山延福諸禪院奏賜淨嚴禪師之號紹興丁卯還主大洪

山修復院宇大闡綱宗自此靈濟廢而復興圓寂開國伯馮檝銘其塔

慶預姓胡京山人年二十四依大陽道楷出家楷器其所詣遣佐丹霞德淳後淳遷大洪復以師從仍總院事政和七年隨守請主水南興國席奏賜慧照大師之號三年徙於大洪最後移住雪峰宗聖紹聖十年不疾而逝瘞骨於雪峯大洪之兩塔朝請大夫柴蕘銘其塔

慶顯姓王廣安人出家後詣天童見宏智禪師三年辭去智送之云見吾叔淨嚴當爲子重師奉教徑趨大洪見

淨嚴日就月將遂嗣師法於時京西帥漕漢東大守共論薦之朝廷下省帖照應舉請蓋有顯始也又降覺照慧空佛智明悟八字法號顯又自號牧蛇老宗在東宫時嘗書牧蛇庵三大字以標榜叢林師住世七十八受弟子二百餘人張淵銘其墓宏智覺禪師未詳厥始前主席洪山後之天童後有法爲祖證二禪師事蹟須考

元

宗明號了庵江東上饒柳氏子少慕空術禮蘄州多雲山

廣化寺長老文仙爲師遊方至漢東卓庵於靈濟故地時屬歲旱鄉人請禱於師師以定力默啓龍池雨亦隨至歲以屢豐於是衆營棟宇答師之惠雄偉壯麗照耀林谷今萬壽禪院基地其所拓也元貞元年六月二十七日圓寂度徒五百餘人詳具鄧文原碑記

明

通賢號徹宗初受法於金月谿澄禪師洪熙乙巳秋至洪山遂掛錫焉正統中南遊金陵南宮胡濙舉爲僧錄奉檄還山住持重修梵刹化後塔骨山寺之旁賢之後宗

滿宗節宗然及連曇等皆知名月谿澄禪師自金谿來
住洪山事蹟須考
古燈未詳其名幼有至性戒律精嚴嘗浪遊兩都晚乃仍
歸大洪習靜養性建水陸傑閣極爲雄麗倣大通故事
與同事者大啓道場梵誦梵祝又求妙於丹青者肖像
梁廷君臣以爲宗法蓋意所宗尚如此京山王光祿少
泉爲之記
廣祥號瑞峯廣吉號卿雲二人同師本出於蜀以萬曆四
十一年步自五台掛錫於此誅茅爲宇相與持戒規習

苦行鄉人莫不欽其靜定時山寺頹廢已久𢧐殿數椽
不蔽風雨乃復冠山爲寺落成於崇禎甲戌額曰楚山
望刹至今存焉瑞峯之前古燈之後有恒庵叢庵三乘
赤心四禪師皆知名而無碑誌可考故不能詳其事蹟

國朝

惠洪號大暉落湖邨長岡店鄧氏子瑞峯嫡嗣也洞悉法
典慨山頂寺宇之頹壞以焕修佛殿山門爲已任功竣
於康熙元年峩峩雲構至道光時始易材焉
萬蘊京山人姓王幼業儒因闖賊之亂傷母死非命誓願

披剃以佛力報劬勞出家於大洪山禮萬壽寺沙門靈虛爲祝髮師遍參方外備嘗辛苦既歸見寺老僧殘悲興禾黍於是奮發重樹宗風講說精勤修舉廢墜靈濟一燈復照徵隨郢間師於暇日蒐羅舊聞輯大洪山志五卷至今猶有存者

世如字静一康熙時參訪多年舊寺時被回祿之後殿宇半爲灰燼師重建蘭若大振宗風立碣垂誓不許分房另爨

無爲字六解派宗風於巖首而曹溪正派復明著語錄三

卷其徒覺圓爲嗣法弟子

覺圓萬壽寺無爲法嗣也乾隆時住持車輞里之鳳凰山

改修殿宇大開法席歲旱爲州牧胡公觀瀾祈雨獲應

四方延禱者接踵無不靈應如響人因名其寺爲雨臺

云

西教應城陶氏子也幼祝髮於靈峯寺年十二卽受法戒

端靜恬雅長老咸器異之乾隆甲寅挈錫遠遊徧參名

刹於漢陽之歸元常州之天寧兩寺卓錫尤久自常州

抵南海燃指於普陀阿埼寺居佛頂山三年仍反天寧

將終老焉嘉慶癸酉其徒續禪遠涉江南迎歸洪山時僧衆分析殿宇頹敗西教顧瞻慨然乃懇勸合家協力營建由是靈峯廟貌煥然復新立戒規嚴課誦衆皆感悅遵行之參訪既久於三乘義諦無不精邃終日閉關趺坐梵音不絕年七十乃涅盤焉

大洪山志《卷 法派 八

大洪山志卷九

益庵郝　謙纂輯

育亭高福滂參訂

南禪心印齋本凝固校刊
院

藝文　詩　賦　序　記　碑　銘　題　跋

文以載道，非謂探索隱怪，窮極幽渺之爲道也。凡其發乎性情，當乎物理，關乎利病，發之爲聲，而精神有與存焉者，皆道之所在，而天下之至文也。洪山峙立漢東，雄傑深曠，吾意其必有文之奇偉足與此山相爲雄長者，求之故記，殊寥寥焉。嗚呼！蓋其散佚者多矣雖然自酈氏導源溳水水聲山色盡相窮神混沌之開於是乎始有唐及宋名僧輩出塔銘寺記假借名流爰及有明密邇陪京有司歲謁陵寢題名染翰生輝巖壑以及時賢佳製彬彬乎質有其文者又未嘗無其人也茲掇其可知者著於篇亦有文不必雅馴有所爲而錄之者甄別陶汰實有待乎後賢

## 詩上

此卷叅合舊志及州志所載而錄其可者其下卷並係新輯

### 唐

李白 字太白隴西人官翰林供奉

題元丹邱山居時隱居仙城山

故人棲東山自愛邱壑美青春臥空林白日猶不起松風清襟袖石潭洗心耳羨君無紛喧高枕碧霞裏

陳陶爵里無考自號三教布衣

幽濟禪院

十地巖宮禮竺皇旃檀樓閣半天香祇園樹老梵聲小雪嶺花飛燈影長霄漢落泉供月界蓬壺靈鳥侍雲房何年七七空人降金錫珠幢滿上方

宋

孟 珙字璞玉官至寧武軍節度使封吉國公贈太師本里人有傳

無庵贊

老拙愛遊戲忙裏放癡憨正當任麽時無處見無庵混沌庵之基太樸庵之梁太始庵之柱太極庵之房四象庵之壁八卦庵之牕白雲庵之頂清風庵之牆誰人運斤斧大匠曰羲皇明月爲伴侶萬古其如常欲知吾富貴秋水共天長水雲不到處一片玉壺光

寄洪山淳禪師 釋真淨

喝轉虯龍役名山護有神道塲千古舊法席幾番新廢去

原因數與來故在人況師先達者不與衆同塵

明

陳　壽 洪武二十九年舉人官至工部侍郎本里人有傳

大洪山仙人洞

今古名山在高低絶徑巒我來成獨語仙去幾多年幻相
非緣石靈根縱自天暗窺飛閣上或有玉函篇

胡　濙 字源潔武進人官禮部侍郎常奉命訪仙人張邋遢遍行天下

崇萬壽寺

每從絶境訪神仙及至山中更杳然龍去故湫歸海外雲

過别嶺到門前佛函香動空遺蛻祖地灰飛换法筵爲語

律宗諸學子十方仍是四禪天

李充嗣字士修丙江人宏治丁未進士知隨州官至兵部尚書

遊洪山三首

一雨清凉萬物新省耕隨地踏芳春明時愧我叨民牧尚

有飢寒洒淚人

路入羊腸面面山萬尋蒼翠水雲間勞形老大渾無補逢

着幽人也厚顔

爲愛名山杖策來從行冠蓋野人猜祠衣伴我尋芳處謾

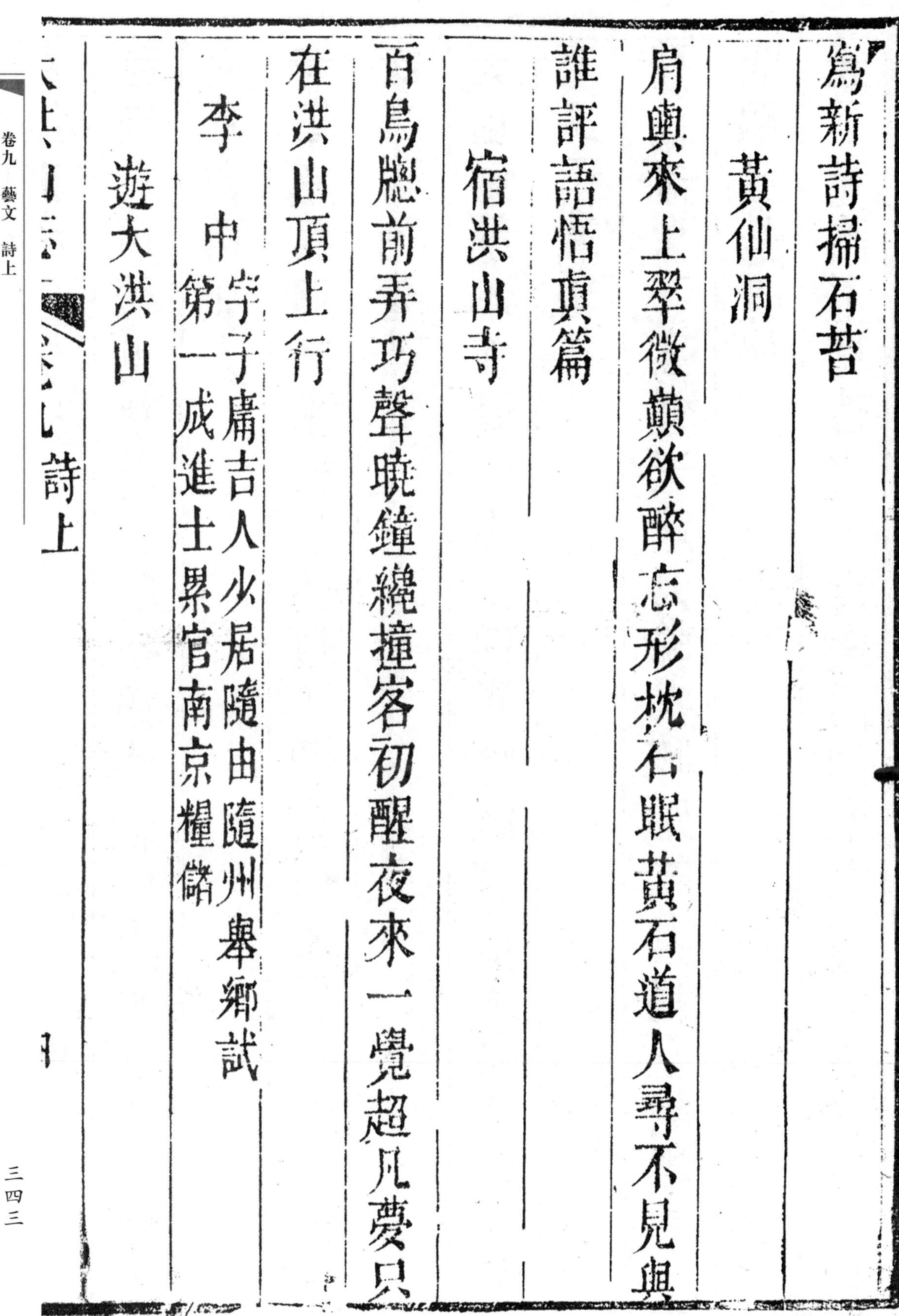

爲新詩掃石苔

黄仙洞

肩輿來上翠微巔欲醉忘形枕石眠黄石道人尋不見與誰評語悟真篇

宿洪山寺

百鳥牕前弄巧聲曉鐘纔撞客初醒夜來一覺超凡夢只在洪山頂上行

李　中守子庸吉人少居隨由隨州舉鄉試第一成進士累官南京糧儲

遊大洪山

路向洪山秋思新肩輿囊括四時春由來洞洞無疆界一笑東西南北人

奇峯招我向秋來猿鶴相親了不猜但怪屐痕留石徑又教微雨補蒼苔

太虛動靜聽鐘聲今古人間幾醉醒脚板天區渾自在無邊風雨載山行

登高誰會了高低天地大輪疾駿蹄試與叔平話端的人間順動是丹梯

笠下光陰不見昔山中行樂問如來天機流轉原無二秋

到東籬菊自開

踏破白雲山又山石橋流水又人間田間酒熟能招飲未動催科有好顏

顧璘 字華玉上元人任湖廣巡撫遷南京刑部尚書世稱爲東橋先生

大洪山

慈忍禪師不可逢祇林高擁萬山重崑崙別現西方景鷲堵曾經古大封人履飛雲頻度嶺石棲靈洞欲爲龍白頭未盡林泉興又寄空門半日蹤

百轉飛輿到上蒼雲邊猶儆古禪房羣公相顧盡視覩四

海一窺難辨方半壁鳴泉傾古澗經年殘雪凍陰岡平生悔被塵冠誤負却乾坤幾道場

朱篪 巡按御史

從顧中丞遊大洪山因病獨止山麓次元韻

自古名山不偶逢春遊相約意重重病魔牢挽登臨脚臂肆頻催藥餌封空使僕夫牽秣馬徒聞禪法解降龍山靈不吝天邊景俗客原非物外蹤

只恐高聲驚上蒼遊筇還自隔禪房人前未暇談遊興枕上惟應問藥方寂寞羈懷依野店微茫列嶂度層岡當年

誤入青雲路失却丹霞選佛場

袁　亨　州牧

前題一首

仲春暇日起鳴雞喜有諸公雅興齊策杖登山尋古跡攀衣度水訪禪棲層巒矗上青霄近叠磴盤桓白日低勝賞欲窮無盡景輕鞭控馬不停嘶

顏　本　字維喬正德丁丑進士亳州知州本邑人

望洪山

合谿山盤百里門前日日挹稜層昔賢曾此傳三昧老

我平生闕一登風火輪中餘勝槪薛蘿深處看開僧縱頂應有高人占何日還來一講燈

陳士元字養吾應城進士

四聖祗園經幾代孤邨銅鉢繞雙泉最憐香霧除青篆更喜高峯削碧蓮卓錫風清聞上界疎鐘霜霽淨諸天滄瀛騎鶴吾能貫此地徘徊有俗緣

李維楨字本寧南京禮部尚書京山人

遊大洪山

步躡隨陽第一山大開眼界小塵寰幾家煙火聊覘下萬

里乾坤指顧間荆郢臥雲山勢亂漢滇拖練水光連此身恍在青霄上不羨咸都百二關

白龍池道上

幾聲梵笛響青岑驚起神龍水底吟坐久日斜催去馬白雲漠漠柳陰陰

王　格　字汝化由翰林出爲河南僉事京山人

登大洪山

大洪層嶂鬱岹嶢白日花宫響洞簫鳥道西連嵩少逈龍池南注漢江遙雲中鐘鼓聞三楚樹杪樓臺切九霄譚罷

上乘眠石榻春風一夜玉生苗

過天生堰

晴湖一曲四山封倒映峯巒似鏡中岸上碧桃無數發仙源疑與武陵通

王　鉞永嘉人

金剛坡望大洪山寺

捫蘿攀石叩禪關五月陰寒雪滿山遥聽雲端簫鼓沸始知天上有人間

大洪絶頂

十年謝病淹三楚五月披雲訪大洪躋磴牽蘿窺絕頂恍疑身在碧霄中

龍鬪巖

芙蓉削去三千尺揷亘飛流萬丈中昨馭風雲聊一望崢嶸頭角似凌空

王　月

過洪山寺

兩載羈隨郡勞勞笑此身禪宗遺蹟古幽興入山新猿慧能參佛龍馴不避人山頭頻悵望下界日風塵

詩上

鄧林喬荆西兵巡僉事四川內江人

乙亥暮春同分守王公隨中丞趙老先生登洪山絕頂宿雨未收早霧四合憑虛千仞之巔恍際鴻濛之景慨此奇觀忽成蕪何

山景全憑煙霧增看山霧裏許誰會人間客滴兜羅雨鳥道重穿薜荔藤隱隱蹤峰迷近遠陰陰古木隔崚嶒微茫恍入華胥界挾我蓬萊最上層

陽存愈萬曆時知隨州

登大洪山

漢東名剎仰洪山，此日登臨興不慳。地擁郢襄開秀麗，水分淯澨鎖潺湲。洞庭衡岳煙雲裏，高閣崇軒紫翠間。我欲觀風訪遺跡，幾回棲息不知還。

祝以豳 州牧，浙西人

遊靈濟巖

自余領茲土歲忽再更篇山靈識余晚相見兩錯愕未入臚已澄暫憩禪益矍怒石排虛空驚枝互纏絡森蒼來撲眉流翠欲粘屩彌引探層巘混沌何年鑿陰風萬竅嘷返照露螢爝眈勝擬延搜怖奇旋中卻至八七日定定後覺

何著石牀屯古雲靈液垂酥酪斟波一勺多療此千頃潤

惆悵遵歸遂鳥去煙漠漠

戴九偕 州牧

遊大洪山宿藏經閣

驅車覽勝午風清更喜泉飛瀑布聲靈澗鬪龍歸玉鉢疎

林啼鳥和金笙雲翻貝葉千峯霽露濕曇花四宇馨高閣

一登霄漢近夜來呵氣貫台星

何宗彥 字君美萬曆二十三年進士 官至建極殿大學士州人

遊大洪山初發郊外

車馬淩朝發芙蓉入望青微風連日澹野菊帶秋聲爽氣
輿前落塵心物外醒何時解簪紱長此對林坰

自均川寺祇宿佛嶺

蕭瑟滿均川臨風意惘然驅車當絶嶠遠野見孤煙谷靜
流泉響林空落日懸相攜投净土清夜一燈傳

洪山道中

秋高氣爽擁輿行矗矗峯巒隱化城環抱千山青靄合劃
開一線法雲明笙簧遶路含風遠蘿薜横岡帶露清愧我
塵蹤棲上界暫

登洪山

秋雨連綿到上頭，風雲漠漠望中收。雲闗指顧空三楚，海岱微茫接十洲。憶昔雙龍開大壑，何年三釜落高邱。未知此日登臨後，千載誰人説壯遊。

梁　木（州庠生）

洪山積雪

千峯聳峙白雲隈，積雪經春未肯開。知是靈山留淨域，不教一點落塵埃。

國朝

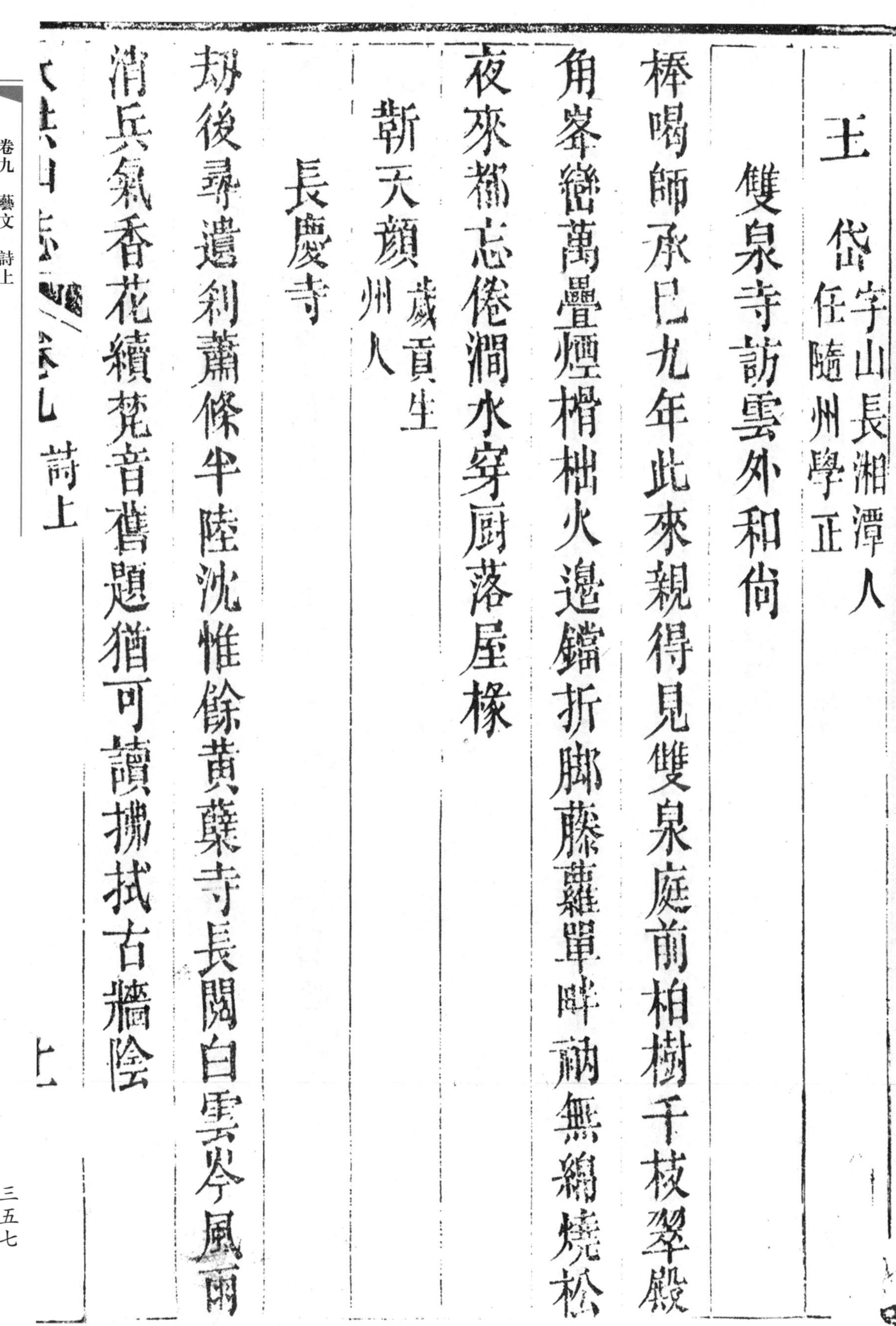

王　岱字山長，湘潭人。任隨州學正。

雙泉寺訪雲外和尚

棒喝師承已九年，此來親得見雙泉。庭前柏樹千枝翠，殿角峯巒萬疊煙。榾柮火邊鐺折腳，藤蘿單畔衲無綿。燒松夜來都忘倦，澗水穿廚落屋椽。

靳天顏　歲貢生，州人。

長慶寺

劫後尋遺剎，蕭條半陸沈。惟餘黃蘗寺，長閱白雲岑。風雨消兵氣，香花續梵音。舊題猶可讀，拂拭古牆陰。

宿均川

短策穿林去蕭然步野坰人家除虎落村市讀牛經地遠貧堪樂時清夢亦寧塵氛應不到澗水日泠泠

陳占祥 歲貢生 里人

泉興寺

坐看遥山瀉玉淙飛泉天半潄芙蓉瀑聲乍醒幽人耳雲影常依遠客蹤月貯溪流寒自潔竹穿巖罅遠逾濃不須淨掃塵埃地但聽南能得得春

何操敬 字圭洛太傅宗彦孫也歲貢任儋州知州

## 登大洪山

朝發黑林溝暮登洪山寺絶巘慎躋攀躑躅遑他視斂足向僧寮欲語心猶悸簫籟發空巖詔囂不能寐悠然動晨鐘徘徊下庭陛四顧海霧昏乾坤始一氣俄看旭日升漸覺煙光墜植杖最高峯千山滿空翠安隨應郢復點點皆可覿俯瞰雙龍池波瀾永不匱出溉萬頃田脈脈通溝澮尤重濟物功豈徒山水異曠覽意有餘斜日倚崖際天風吹衣襟白雲在肩背下山徑轉幽猿鳥屢驚避疎燈逗林表疑是舊遊地山郵無俗情雞黍爲我置呼兒出素幅攜

肇畧成記十年縈寐思今日始一慰

春日偕毛子霞遊洪山寺

失意悲風雨相將續舊遊寒多花自放春半雪仍留借韻酬殘碣探林進野饍不須愁老大是處有丹邱

劉　霦　高陽人進士知隨州

黑龍池禱雨

洪山懸崖削如壁下俯澄潭一千尺中有異物藏幽陰角爪森然潭底蟄有時晝起雲冥冥草木疾偃海風腥蜿蜒波際出復没忽作霹靂飛郊坰此時山田正秋旱黃昏雷

兩陂塘滿邨氓曉走山之巔叩謝佛前情欵欵昔聞刺史行田原霡霂膏雨隨車轅一從德薄不能致至今濟物歸沙門

賀運清 興泉兵備道京山人

望大洪山

郢城東望漫爭求問眺名山作卧遊峯側芙蓉光片片嚮翻貝葉聽悠悠煙籠三楚眞磅礴瑞藹十洲任去留說法於今代復代浮生消却許多愁

馬煥會 當湖人

丁未孟夏（康熙六年）郢城晤體忍大師爲予言洪山勝概

風塵奔走未獲登臨遙詠以當卧遊

古刹喬松偃蓋重岩嶤晴望削芙蓉山高雲擁諸陵樹寺

迴風清萬壑鐘幽澗東迴朝太液層巒西向鎖秦封登臨

不盡懷今古筇杖還擬別有峯

千尋澗

憑高俯瞰白雲低欲上層巒誰作梯千尺飛湍倚峭壁遙

看木末與天齊

李安弦

寄體忍師

陰雨簾纖入夜微朝聞林鳥報新暉青山郤逕當牕出白鷺驕晴繞樹飛擬向萬松開白社還期絶壁叩玄屏遠公暇日能相賞藉草拈花何處歸

李本固 陝西慶陽府同知鍾祥人

贈萬壽寺靈虚大師

老人幽棲傍崖屋寒擁金爐長炳燭垂簾趺禮華嚴經心能持念口能讀臨行遺我數黃柑金姿玉質渾團圞送客簷頭不度限泠泠古寺松風寒

贈體忍和尚

友朋相遇合遲速自有時文章山水緣非可驟得之夙昔聞體公遠傳佛祖衣高步江南北卓錫近龍池歌詞振金石下筆盤蛟螭愧我二十年未得親光儀今春過靈峯始獲仰芝眉一見洗心塵日夕清風披爲我步山岡指點舊時碑白水證道念青蓮騁妙詞信宿醍醐漿忽覺沁心脾耳目淨聰明蕭蕭冰雪姿獨立空山中巋然松柏枝

贈靈峯寺密支老衲

密公離俗垢愛客宛相欽茗盌皆眞氣蔬肴見古心樓危

風更勁山逈夜尤沈撥盡殘爐火寒灰寸寸深

喻時申　字秩音里人

懷體忍和尚

秋清露白衲衣凉竟日蠅頭讐校忙册篆静参三昧法青書殺就九華章身將山色同清淨舌與溪聲共廣長欲壽洪崖無一語高賢題詠滿縹緗

喻時宜　字左人里人

豬龍陂

夾道石鱗障碧泓相傳妙化俗知驚隄横波湧煙無際搶

壓山低水自平光望玉樓人倚月南瞻梵宇火生明東庵亦是武陵蹟靈濟宗風代不更

高拱極 字敬時順治二年功貢攝景陵縣事里人有傳

靈濟巖和胡方郎韻

勝地偏宜勝友偕扶筇載酒問松來擬同衆妙窺虛牝怕有塵心入鏡臺草木似從今日定煙霞豈爲昔人開縱談千古興亡事漢武秦皇未易才

周之仲 號烈山歲貢生里人有傳

大洪山

百里連山勢鬱蟠直從荆郢聳奇觀雲封古洞千年夜雪積陰巖六月寒當日洪波翻絶頂而今花雨著層巒靈蹤屢顯傳唐宋突兀豐碑字未殘

雜花臺

孱顔亂石插雲堆此地曾經得悟來（宋禪師守遂於此禮華嚴大悟）今日守公何處去空留明月照華臺

黃龍池

池遍銀河一線通好從絶頂問潛龍遊人更訝山僧懶覓取清流到釜中

靈濟巖

飛磴爲梯窟作樓洞門無鎖任閒遊千峯霧合晴猶雨萬

壑風清暑亦秋

周之季字禾子康里人

黄仙洞

殘碑鳥道引清泉古寺鐘聲落晚煙圯上老人何處去空

遺洞口月孤圓

李文運字康樂爵里無考

靈隣鋪三章和羅子仲山

茫茫堪輿流峙古今瞻彼靈洞嵯峨嶇嶔結根懸巖花髓
崑崙昔人羽化鳥散魚沈婉婉長離載好其音眷此陵阿
鬱然北林其林伊何有鶴在陰利斷金堅氣惠蘭歆
嗟余賤子抱影窮廬亡羊泣路舍筌覓魚養素全真屢空
晏如豈無家學邯鄲是趨仰厠高賢我笠子車謙謙卑牧
仁風潛噓飲醇投醪恪銷鄙除班荆席藁其樂只且

辛振藻　康熙時選　拔州人

雨中過白雲寺聽講經

靜看天花墜拈之誰得同雲蒸松影裏法說雨聲中自洸

經行鉢還參過去鐘殷勤留半偈欲觧已成空

韋藏用

嵩山寺

一徑轉蒼茫秋深古寺旁遠山横塔影虚閣納溪光木落孤村見煙寒釣艇藏悠然川上意目送逝波長

釋本立字印倫康熙時人

白龍池

嵩山中有碧泉生映徹銀河一派明謾説雲龍飛去了靈淵到底自澄清

釋萬慈字體忍見法派

龍鬥巖

舊傳神劍切懸巖，又說雙龍鬥始開。湖水遠從滄海去，寺鐘近度石門來。

述古二十一首 案此下所紀所謂二十一禪師也，雖辭意不無可議，然大洪名僧輩出，今多失考，存之以見梗概。

慈忍

寶劍欲離匣，老人笑現空。虬龍不解鬪，何處惹神通。

報恩

太古天荒破千峯照一燈人龍紹寶地國士振家聲

德楷

不弄只鼓笛陽春調自高寶明空海靜任爾起波濤

守遂

獅窟長獅子鳳棲選鳳枝同調歌雪曲名重徹京師

慧照

無心方合道得地却忘人雲擁數千衆靖康活萬民

宏智

洪峯前據席昌勝後天童岸壁高千尺咸瞻寶氣雄

慶顯

莫顯如如體欣慶物物全奇音藴不發妙指向人前

法爲

無爲本無法動輙喪天真石虎崖中吼雨花滿地沈

祖證

證得祖師意貫揮七尺藤當臺懸古鏡佛也鏡中塵

收蛇

水磨活轆轤動静了無心無住生心處死蛇解活吟

了庵

未諳師何氏帝敕雲水交側聽大般若猶似雨花朝

月谿

金陵嫌地窄又上大洪山雲中獅子吼假雞難度關

徹宗

捱撩天拄杖闡濟上宗風未暗鬚眉古猶瞻滿月容

古燈

一燈孤炯炯萬古仰雲霄奮振中興業鼓鐘破寂寥

恒庵

天台豎妙義賢首貫登壇無數生公石常常繞座龕

叢庵

十方共粒米，雲水集招提。愛製蓮花漏，薰修禮六時。

三乘

三車閒自御，一鉢任優遊。了脱娑婆界，高登彌勒樓。

赤心

鐵石肝腸漢，方稱出世僧。異香才滿室，諸上善人近。

瑞峯

佛法藪西蜀，代傳僧實名。徘徊絶頂處，雲搆盡飛甍。

慧空

朝昏共一念，十萬彌佗聲，歸入蓮花國，無生還度生。

補遺

宋文茂

贈洪山體忍大師

沖齡大嘯破羣迷，抛却箕裘任所之。佛性堅凝金是骨，法身瑩潔玉爲姿。錫飛孤嶺詩千首，鉢注寒潭月一規。到處名山留偈記，慈腸在在繫人思。

附　馬祖付洪山慈忍大士心印偈

喝一顆澄潭月，萬川象在天。虚明無所住，動静有何端。放

舒彌六合收斂毫一纖古今同授受禪覺自然然

附　慈忍大士詠泉詩

欒秀山間喜勝遊碧泉湛湛豁雙眸遠澆田畝紆縈進冷浸雲根溢漫流綠藻長生今復古金蓮會綻夏還秋有時歲旱從龍出化作甘霖雨九州

大洪山志〈卷九 詩〉

三十

大洪山志

五雲山人郝　謙纂輯

洪麓逸史高福滂參詩

藝文中　詩　以下俱新採

國朝

黎　藝　字鳩柴京入爵無考
詩從白谷洞石刻採入

登大洪山

岧嶤會許幾人遊放眼長空無盡頭鄢郢雲如連地起瀟

湘水似接天流金風吹斷千山綠霜葉飄殘萬壑秋何待

華峯搔首問試將新句自吟謳

陳　鼎　號荆山鍾祥人善畫

黃仙洞

石洞沿溪入神遊太古前荒沙來虎跡絶壁掛龍涎禮樂仍經世山河别駐禪苔碑封鳥篆脉脉憶黃仙

胡作柄　字謙持仁和縣鍾祥人

古佛巖

路向幽巖近塵襟澹欲忘屋欹山架樹石激水舂糧人語著煙冷衣拖細草香瞿曇驚識面一笑下繩牀

會曉　鍾祥人

## 過吉祥寺

楠木東之隅蒼松頽刹古北枕洪山麓南近漢亦許寶埨藏佛骨石橋鎖龍塢當年號吉祥祝國永斯祜玉歷雖改換風流還如故年年艷陽時四方來簫鼓官僚張高宴士女觀若堵於此眺山川環抱誠佳處蜿蜒蟠神龍蹲踞駭伏虎喬木悵凋零遺踪難全睹頽簷鳴鵂鶹荒煙竄野鼠老僧懨芟鋤荆棘亘砌路勝地亦不長浮生空如鶩颯颯陰風吹蕭蕭北邙墓不知後起者片瓦誰爲主

張其達　鍾祥教諭

雞籠山

曉日崎嶇上諸峯擁處尊草隨泉作響雲以樹爲門鷹隼
平原下牛羊亂石存杏花尋酒幔冷落有山邨

郝玫　號玉軒乾隆丁卯科舉人自雲夢遷隨

遊靈濟巖

古洞深藏境地幽當年面壁紀眞修枯藤掛樹疑懸錫怪
石迎人似點頭好景未厭客際眼寒風偏動故園愁登臨
無限徘徊意裊裊蒼煙日暮浮

水周堂四絕句

一灣流水繞亭前蕩漾桃花分外妍坐久渾忘身未動翻疑人在武陵煙　曲水穿花

峭壁横空列坐屏終朝兀對我横經晴晴雨雨更多少鎮定還當座右銘　石山當牖

石橋横卧小溪頭溪水橋中次第收新漲乍添春夜雨山花似欲帶橋流　小橋春漲

突兀山頭幾樹松禪房矗矗半雲封書聲偶罷琴音歇縹緲驚聞何處鐘　古寺圍松

董旦　字一指，乾隆丁卯舉人，安陸縣人

遊大洪山

湖山更變幾千年，緣到初開第一天。楚北衆山支派遠，漢東諸國版圖全。佛兒嶺上芝爲草，仙女洞中石可田。獨有善師今不見，縈廻邱壑自雲煙。

羅德霖　字康兆，乾隆癸酉拔貢，河南密縣知縣，遷福建清流知縣

同高蘭圃竹林東莊臺納涼

東南有高臺，臺高覆深樹。遠澗來清風，煩襟豁沉痾。嘉魚躍清波，好鳥鳴且佳。俯瞰雙泉流，萬頃資浥注。農務止勤

勞中田走婦孺赤日毛髮焦誰能避辛苦念我平生遊觸熱向歧路與此乾贅愚因之發驚怖安得歸深山與子同寐寤努力愛餘生毋為浮名悞

自大洪歸途中值雨晚宿楊河

小徑憑泥險長途入夜深艱難先世路風雨隔年心卜宅洪麓先曾王父之志而去秋同舍弟湘仲兩宿於此麥飯稱難得香醪詎可尋歲荒人事改愁坐費沉吟

蔡作杞守南有乾隆戊子科副榜雲夢縣人

送郝洪北歸大洪

洪山高不極歸去馬啼遥葉下霜林静雲開落日饒閑愁

詩莫遣俗憤酒難澆欲贈臨岐策何人是繞朝

張開東 字白蓴蒲蘄縣舉人

鄂城喜晤高界亭因訂遊洪山白水之約

客度隨陽二十春尋幽猶自隔風塵他年白水洪山約今日相逢是主人

王旒 號凝齋一號練溪乾隆庚子舉人博通經籍著述等身人呼爲書櫃安陸縣人

遊洪山重經靈濟巖

風鶯尋往徑恍然經舊遊梯繩度絶磴入坎縱冥搜谽谺

石骨裂鬼工煩雕鏤下員而上銳直恐觸青霄石盤踞中央石几布四陬高僧此趺坐默禱役螭蚪使君西瀰秀探奇屏車騶劄蘚辨古字雅韻何清幽明州牧祝公以幽濟詩刻今存洞中物欽靈蹟高懷緬前修感往情易逝撫今慮難周顧言結茅屋勿俾山靈羞

劍口

昔讀劍閣銘未睹劍閣險今從劍口行森然動肝膽嶺斷怪石露萬象紛睒睒裂地蟠蛟螭撥空攢菡萏一線瀑布飛數折風雷撼鬼工亦愁絶巨靈應手斂是時十月中竊

林癯如染晩花送微馨落葉屢驚飈蟻緣躡層巔猿引探重坎意愜力無疲目適心猶歉洪山富瓌奇兹奇首齊領愧乏孟陽才雄詞鐫崖

## 鐵釜歌

誰將一片鐵鑄作三大釜徑可七尺高減一中空實容二百斗厚寸半分八耳環鐵色上映光芒寒用遺摩娑無款識不知何用徒躑躅或云慈忍昔日開初地佛力通神作游戲朝煮青精浮雲敲暮烹白石春雷沸元氣潛爍地鑪紅鬼工黙扇自生風泊以德水八垢除薪以旃檀五濁空

雲堂擊板千僧集日日伊蒲於此給一瓶一鉢足生涯寶鼎玉麟神於邑何年郄離香積厨棄櫛榛莽卧山隅風風雨雨質糢糊夜深疑有神靈扶釜乎釜乎起我溝中臞庇蔭嘉穀長敷腴土人以釜口所向占歲稔

蕭學昔 號鼎村乾隆時文學孝廉人

九日登大洪山

步入層雲叩靜關直從絕頂俯塵寰襄江一線明如練楚岫千重伏臢髻縱有遠村皆隱樹別無餘地更容山憑臨能盡登高興戲馬層臺未許攀

高鑑 字了人乾隆時文學篤志好學博通經史著有四書彙案本里人

登大洪山

呼吸應將帝座通披襟高眺翠微中野猿傍晚啼殘照老樹經秋傲疾風梵宇雲容呈靉靆龍池水色接空濛徘徊盡日忘歸去忽聽鐘聲月又東

傅大成 字洪巖乾隆時貢生耄而好學著有消遣集本里人

遊觀音洞

古洞幽奇勢倒懸不知開闢始何年高躋石壁凝眸遠俯視雲梯懼足顛雨洗殘紅驟落照山含遠翠淡晴煙賞心

樂事誰堪共莫向凡人浪說緣

高　銓字伯衡乾隆時文學本里人有傳

同家弟木齋及門諸子九日登靈濟巖

昔聞至人此禪逃扶杖登臨意興豪人來勝地足亦健秋至新晴天愈高村公短髮羞吹帽我亦華巔歎二毛幸得清班聯玉筍古洞危崖恣遊翱高踞盤石俯幽壑振衣長嘯動青霄茱萸滿囊菊盈把挈瓶相引各爲遭西淛祝君留片石上追蘇李擬風騷雛鵷么鳳奮逸翮流連景物窮鏤雕高吟直欲步前哲筆底烟雲起怒濤詩成不飲金谷

酒斟笑劉郎未題糕前人已往後來誰獨對西風首自搔
落日扶醉遵歸路繞徑花香襲緼袍

高　鈞字秉之嘉慶庚申恩貢充正黄旗教習選知縣未任卒本里人有傳

同王香谷雙泉溪濱看桃花因宴家姪練江宅

春山訝入天台路赤城霞起紛無數着眼初驚花絢爛開
遍仙桃千萬樹紅雲蒸水溪流冉纈紛落英香雨寒國色
蹁躚隨寶鑑明珠玓瓅傾玉盤影射夕陽如撥火嵐光著
樹紅漸韡夭夭灼灼看未足秉燭重來花下坐露浥花枝
露花白月弄輕陰花一色疏燈遙映酒家樓晚煙低垂朵

玉宅阿咸居此十餘秋手植桃花夾岸浮恰與杏林相焜燿練江知醫如入仙源得縱遊王郎住近桃花巖巖上無花照碧山桃花巖卽李白讀書處扃似海州泥裏核彈之祟山峻嶺間頑令遺蹤就湮滅不見花紅作光澤走馬却來洪山麓手撚花枝歎奇絶主人愛客夜開樽天倫樂事敘芳園賦詩我亦憨謝客酒闌燈灺花不言

同鄭孝廉芝田遊靈濟巖

地隱先禪跡人從物外遊小橋通仄徑絶壑噴清流巖險重門閟雲深斷碣留蒼茫同一望紅葉四山秋

夏日寓洪山寄郝洪北

萬仞稜嶒峯特起，終朝一片白雲圍。人從天半窺元氣，風送鐘聲出翠微。夏令已閒收繭稅，山僧猶未試春衣。禪房舊榻曾留處，二十年前事事非。

洪山望賊氛

烽火遥連白帝城，幺麽小寇尚縱横。何人上馬能殺賊，坐爾潢池敢弄兵。秋暑適當饑饉歲，天高寧聽鼓鼙聲。九重聖主方旰食，頗牧猶應出帝京。

洪山雜興

蘭蕙芳時興轉濃春山無伴强扶筇千巖萬壑重廻首身在白雲第一峯

峻嶺横空野草花幽栖自古梵王家入遊勝地非充隱天半高飛一片霞

高鐸號水齋乾隆時文學其詩文本乎性靈不假雕繪自有天然之致善誘後進弟子以冠軍前茅入庠者數十八

黄龍池修楔

峩峩大洪山中有清泉注不溢復不竭云是龍潛處祈禱鑒精誠沛然布甘澍我家洪山麓今藉洪山寓三日悠遨

遊羅列杯盤具惠風吹我衣良辰愜幽步偉茲淩雲池漢潢分靈霆允懷涓潔意徘徊多餘慕夕陽萬嶺低翠煙生日暮

遊萬壽禪院 時寓靈峯寺

不辭山路險旭日下靈峯舊壘周遭在巉巖一徑通橋橫荒澗外石倚亂流中笈指林巒秀祇園古木叢殘碑餘宋字訪古叩靈扃野竹風生綠名杉雨過青寺有盤竹山僧瓔珞杉如舊識佳釀滿新瓶鄭重臨歧囑秋來擬再經

高鏞 字東大儒士本里東莊人

從蕭鼎村師九日登大洪山

登高層嶺上舉首半天中形勢凌荆北關河了漢東糢粢僧鉢美詞賦客囊工絕頂追隨意扶搖萬里風

高鍾字律元乾隆時文學英敏早世本里人

前題

菊酒題糕興轉幽高憑絕頂豁雙眸螺旋楚岫平爭地帶戞襄江遠不流呼吸應堪通帝座仙凡豈必隔神洲登臨不數龍山客石上題詩紀壯遊

儲嘉珩字太璞乾隆乙卯進士襄陽府學教授本州人

望大洪山

洪山高無極屹然蹴三楚白雲天際飛健鶴亦輕舉我欲躋其巔道路修且阻茫茫蒼翠中幽入渺何許

登雲臺觀 在山南

立馬雲臺觀西南第一峯大江飛白練高嶺落長虹歷刼園亭古承平壁壘空巍然闕廟在俎豆萬方同

闕繼 號惺庵乾隆時文學本里人有傳

九日過積石嶺遇雨馬上口占

不爲登高遠策藜山行恰是佩萸期衝寒馬健連雲上落

颶風狂帶雨吹拂草紛紛非妬菊凋楓點點似催詩饒他野色浸衣濕較勝陶公冷卧籬

高　揆號果亭乾隆時文學著有果亭詩草本里人有傳

春陵望大洪山

奇峯插天勢嶙峋飛泉掛壁出龍津蒼茫雲樹望難真我欲攀之願及春却望茲山憶山下山足西隅吾之舍我行久别日思鄉陟岵陟屺更陟岡此身長隔春陵道此心常在洪山陽瞻望弗及我心傷吁嗟乎男兒志四方

羅世棟一名維容號耘圃嘉慶乙丑歲貢附羅治傳

## 白龍池

白龍池水千尺深日暮天寒風冥冥古藤詰曲石峭厲岸草汀花紛芳馨山上出泉泉水幽蓍然一泓出涵渟冬寒氷落石溜小細流淙淙澗底鳴我聞有時龍掉尾合沓奔騰挾雷霆老蛟奮飛怪魚吽池有禍禍魚雨絲濛濛雲氣腥今朝迷漫宿霧昏百里不見山娉婷我欲攜來古鐵笛吹怒老龍深潭聽奮然一雨洗山骨洗出千山芙蓉青

## 過了角寺偶感用弟端亭去年韻

西南横絶入雲長三十年來度此岡世路與山爭詰曲舊

遊如夢隱蒼茫。饑民緣麓春無食，垂老依人鬢有霜。策馬匆匆重過此，那堪竿木又逢場。

羅世材 號端亭，嘉慶己未進士，本州人

洪山道中

大洪天半落，空翠濕衣襟。徑入篔簹谷，溪迴楓樹林。白雲停野色，黃葉抱秋心。慈忍宗風在，道場何處尋。

九日過了角嶺憩蓋雲寺

過澗攀林石磴長，振衣千仞此高岡。羣峯擁地爭雄長，一徑盤空入渺茫。慘淡白雲將欲雨，參差紅葉乍經霜。登臨

恰值龍山會好薦花糕作道場

王　蘭 號香谷乾隆時文學安陸縣人

門人裴生述遊娥皇洞歌以紀之

裴生婦家天橋旁洞天會得遊娥皇先生山水有奇癖課餘忽爲言其詳初行涉碧澗緣崖入蒼茫洞門開石扇豁達成修廊燃火捫梁過靈境尤開張旁洞大於屋小者小於箱芙蓉萬朶擲空際白石一柱撐中央不知何年種玉粒遺此石田石廩石禾場空中打麥事誰覺今乃果見仙人種志堅不爲幽興阻深入又見菩提坊莊嚴法相垂寶

珞端拱默坐蓮花并蝙蝠飛飛導前路日色髣髴來扶桑
一物如牛大如象掉尾未見頭低昂背然廻步出洞戶明
月皎皎輝衣裳瀟湘帝子渺何處至今回憶空彷徉我聞
生言恍有悟一間未達達乃臧虞帝精靈在天地帝后應
與同翱翔精一欲究執中旨我將深造登其堂出山偶遇
時人問好說湘靈在帝傍

熊可師 字仲模乾隆時文學本州人

登洪山

碧磴捫梯最上頭登臨目極海天秋楚山遠列千屏靜漢

水寒拋匹練浮峽口煙霏橫劍氣龍池月滿湧珠毬夜深更覺青霄近倒影星河入石樓

高度浩　字養吾乾隆時廩生本里人

九日登大洪山

擁樹雲猶下摶風鳥莫齊低看隨國小高立楚天西藝任茱萸滿盃須琥珀攜平生歌仰止此日快攀躋

高度淳　字粹夫乾隆時庠生本里人

洪山春陰

靈峯萬仞結禪廬呼吸遙應動碧虛身在雲中渾不覺春

陰積翠上琴書

高度瀚字巨川乾隆時文學本里人

秋日登狼頭砦

絶頂無膚土通天有石門山少土壤峭石排列如門問來呼一醉秋色滿乾坤

高度泰字宗五廪貢生歷任咸豐當陽東湖訓導本里人有傳

靈濟巖

徑石鋒鋟古攀藤磴折移重門穿偪仄虛罅爛參差呼吸風雷動陰森日月窺蒼茫禪定意先代有荒碑

高庚永字世南乾隆時廩生本里人

水磨洪山澗谷多設水磨用屑香材詩以紀之

防水觸車輪輪轉不暫息低昂鳴有聲進退各識職雜糅衆香材磨礱聚精液人事奪天工任巧不任力機心始何人坐弄寒溪碧

郝師亶字公舉乾隆時文學本里人有傳

九日同高伯衡蘭圃昆仲兩先生遊靈濟巖

危磴凌青蒼層雲盪虛谽徒侶相攜扶藤蘿與清越屏石穿圓門再上徑稍澗洞口垂懸枝紛披帽欲脫入坐共企

仰清詩誦古碣壁罅漏天光遠鶴淡微末靈風吹山茅洽洽流水活不見禪定人端倪迸超忽縮此徙清甜墟烟淡

初月

穿洞

回岑連高著豁厓罅地軸湏洞窺兮門風雲互吞伏懸淵勢奔趨滙折乍伸縮委如橐口括穿空潑飛瀑日月沉光彩行徑隘石磧覷面驚來入入坎意森肅歒壁劈叢竅穹然如靜屋坐甜懷神栖沉寒凛山腹西出乃軒豁天光敞遷目青松蓊危崖紫葺邃洪谷栖禽爲我翔山椒面樵牧

轉見游魚樂移竿媚萊竹滌慮超塵襟余情在濠濮

洪山曉望

隨郢兹山壯羣峰共鬱回晚霞摇漢水秋色上荆臺廢柱眞書勅仙池古殿開事詳古蹟形勝茫茫天宇大翹首白雲隈

雙泉夜集

古驛橋邊路開軒對月明淡雲天際落秋氣野塘生泉響詩思靜花香酒味平盞簪多樂事清瀨雜鴻聲

洪山三首

勝蹟奇蹤閱古今危峯積翠遠陰陰雲横古磴澄秋色日

入龍池沁道心須水清從崖際落荆門望極樹中深碧霄
雞犬無消息芝草瓊花尚可尋

五雲坡

磴道盤空不易行到來巖壑敞新晴千尋落碧澗空中落
一片白雲樹上生地險松杉蔭晚色路高猿鶴響秋聲回
看野甸微茫處郵落參差夕照清

孫甡　字偕鹿應城縣舉人

遊洪山廢寺因飲杏花村二首

山深秋漸老匹馬逐西風何年一梵宇零落夕陽中青旗

忽飄動人指杏花村酤酒登樓望山光直到門

望大洪山

遠岫千層出雲中不可攀幾時倚筇杖同上大洪山

馮瑄 字鶴渠乾隆時文學雲夢人

入洪山贈高蘭圃

樹德思仁恕當年渤海家君今振門閥杖策走京華雁塞風霜古龍池歲月賒一官如可效勿忘潤桑麻

望大洪山東郝洪北羅公理

高松磥砢水湾環中有詩人事往還最是長岡郵店好家

家門外見洪山

傅夢賚字艮弼嘉慶時文學本里人

遊觀音洞

疑向天台採藥來清香滿袖步崔嵬人從絕壁尋樵路馬踏寒泉滑石苔野水蒸雲山欲雨秋風拂樹夜生雷含情坐久渾無語一任黃花滿徑開

陳式勲應城人

望大洪山烟雨見泗村詩草

名山千古峙於斯百里蒼茫入望奇縹緲風雲飛鰐口迷

離烟雨滿龍池崖邊古洞留仙蹟天外諸峰引客思好待登臨絕頂上頻收野翠入金卮

蘇　湖 乾隆時文學本里人

同蔡濯清自子陵洞遊大洪山二首

束裝離古洞並馬出霜皐迢遞遲金勒匆忙溼緼袍眾山初歷盡一嶂獨憑高石磴盤空見攀援不憚勞仙雲隨杖屨天半入靈峯路險微通馬池深不礙龍衣侵殘雪冷面帶晚霞濃藤蔓西堂外蓮花識舊蹤

盧家元 字劍浦劍南舉人

因公從洪山至三里岡偶題

纔從天半落溪邊又見巉巖立面前不信深叢無鳥雀山頂少樹木鳥雀却疑絶頂有神仙夕陽影裏幾間屋流水聲中數頃田直共白雲隨上下林泉依舊獲眞緣

呂庭栩字粱湖嘉慶庚申亞元應城縣人

秋日憩靈峰寺

第一奇峯百尺樓振衣直上豁雙眸荆山當戶排紅樹漢水接天瀉碧流夾寺兩池飛澍雨巢松獨鶴警清秋半生浪跡仍歸楚得效莊生汗漫遊

賓欲峻號松溪州牧歷任鎮江府知府江南監道雲南羅平八

遊大洪山萬壽禪院

漉滮猶留未鑿場世人難到佛爲堂羣峯鬼劈環成堵一水龍噴引作塘慈忍當年開劍口了庵相繼起雲廊忙遊我已千年後後我千年又孰忙

巉巖一線走羊腸宜若登天陟彼岡轉下千尋危壁底繞臨數仞古禪堂新知大覺藏仙窟爲逐么麼擾上方明日峯尖高處立乾坤四望定蒼茫

登大洪山頂遊靈峯寺

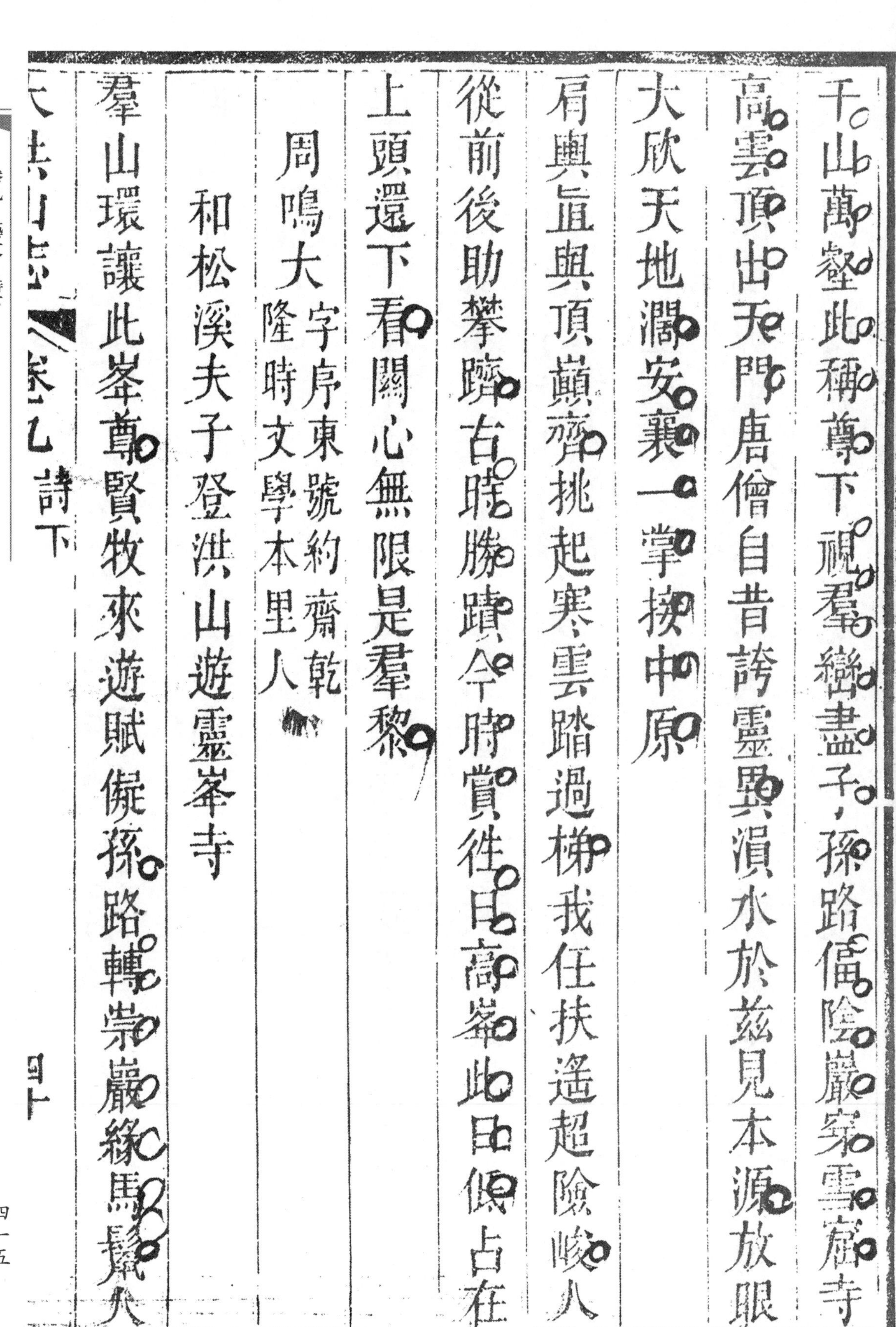
千山萬壑此稱尊下視羣巒盡子孫路偪陰巖穿雪窟寺
高雲頂出天門唐僧自昔誇靈異滇水於茲見本源放眼
大欣天地濶安襄一掌挾中原
肩輿直與頂巔齊挑起寒雲踏過梯我任扶遙超險峻入
從前後助攀躋右睇勝蹟今時賞往日高峯此日低占在
上頭還下看闊心無限是羣黎

周鳴大字序東號約齋乾隆時文學本里人

和松溪夫子登洪山遊靈峯寺

羣山環讓此峯尊賢牧來遊賦儗孫路轉崇巖緣馬鬣入

從絶頂識龍門近尋泉脉搜湞水遠引江流溯漢源最是
關心勞駐目下瞻每每盡田原

燕子池

池自何年鑿今傳燕子名一朝新侶意千里舊歸情春草
雙栖穩流泉對語清朱樓與畫閣且漫話逢迎

高學澐 字德圃乾隆時文學本里人

冬日登洪山

奇峯高萬仞蠟屐愜冬晴馬嶺風何勁龍池水自清尋幽
深澗樹雁度暮鐘聲意境超天際烟霞四望平

高福滂（號青亭，嘉慶時文學，著有羣書考辨、松韵齋詩草，本里八）

登洪山感舊（乾隆乙卯余讀書寺中，時方九齡，今忽忽三十年矣）

舊識洪山路，梯雲到上方。石梁深歲月，鐵瓮老風霜。茗瀹龍池水，花飛鹿苑香。髫年留榻處，回首意茫茫。

白雲和尚精舍阻雨留贈

烟雨迷空界，禪宮隱翠微。風高聲撼屋（山上多大風，聲如怒雷），雲暗濕露衣。小飲新開甕，薄寒半掩扉。慇懃憐惠遠，臨別獨依依。

舍身巖

峭壁聳嶙峋巉巖不可親石敧撐欲墮谷暗窅無垠猿狖驚投足仙禪竟舍身垂堂懷往訓憑眺自逡巡

和郝益庵偕族姪琢庵庶常遊洪山元韻

矹硉凌空一徑盤飄然身在碧霄端天池月滿禪心靜華頂雲歸客意安千里烟波明夕照四圍蒼翠接層巒登臨多少詩中畫醉與阿咸仔細看

白龍池詳形勝

百頃汪洋鎖碧峯昔賢此地夢呼龍池邊遺蹟自千古忠孝文章誰比蹤事詳古蹟及雜誌

水似懸河石作隄，清泉漱玉落幽溪。魶魚上得青松樹，細雨微風夜半啼。（魶魚詳雜誌）

春暖潛蚪每效靈，神奇端不數宮亭。（宮亭湖在廬山，靈異甚著）仙雲一縷干霄上，灑作甘霖潤四垌。（事詳雜識）

江導岷峨始濫觴，奔流萬里表靈長。何如富水源頭潤，山半郎堪泛小航。

立洪山望劍口

峭壁雙排餘斷痕，誰將長劍劈雲根。茫茫一水從中瀉，髣髴銀濤下海門。

郝兆鉦字琢庵嘉慶戊辰進士選翰林院庶吉士改泗水縣知縣雲夢人

洪山夜宿

竟欲凌蒼靄塵心到此安妙香融院静仙梵入空寒月吐靈巖樹星浮玉井闌超然人世外清磬響瓔壇

余學川字湞谷嘉慶時文學里人

○由冬青巖登大湞山

何處飛來之危峯高插碧霄千萬丈衆山環繞似波濤小湞之中起大湞雲烟變滅幻奇形樓船畫楫空中盪我家柢在此山西幾回欲上不敢上朝來約得同遊人各曳芒

攜持竹杖履險徑始冬青巖細草如針花如盎巖頭瀑布
垂玉龍巖間大石大於象玉龍飛下欲攫人石象張牙來
相搶頓令心驚毛髮悚屏氣低頭不敢仰從此轉身攀白
雲手牽葛藤跨嶙峋石徑崎嶇出羊腸深林白日見罔兩
半天陡來風雨聲老鶴林間弄清吭攀援直上最高巔金
莖欲折仙人掌等閒身到紅日邊縱目超然出塵網楚山
萬疊如杯棬漢水東流歸蒼莽人生一粒落太倉馬蹄車
輪空擾攘靈境非不在人間槎浮銀漢誰能往薰風習習
自南來山神爲我送歸鞅吟罷掩扉對燭眠夢魂猶作江

湖想

周則大字儀亭道光時歲貢本里人

夏日登大洪山

迢迢列岫插天排高步雲間豁壯懷絶頂無風皆却暑陰崖不雨亦生霾一湖囊水遥拖練半壁仙池近繞階偶入上方聊小憇山僧已自進詩牌

高奎斗字璧軒嘉慶時文學本里人

○題同人九日遊靈濟巖詩後三首

人共登高去客歸獨後期不知前日與菊酒醉云誰至人

澗無蹤靈巖今宛在殘碑留勝蹟訪古白雲外菊香三徑洒楓染一林霜試問秋天景如何飲興長

王天章 字煥之道光時文學安陸縣人

同郝益庵鄭漢三遊仙人洞贈吳升甫竹林

林壑動遊人幽懷託秋水結伴覓雲蹤落葉深沒趾青溪夾黃花如入桃源裏中有幽棲人娥娥結絲綺羣季共留賓開扉勸倒屣石洞賦遊仙懸崖深芳芷造化固靈異主人更奇詭險極搜未窮神廻足亦止攜手接同人長歌懷彼美欲去且徘徊漠漠天風起

高學宣字維哲嘉慶時文學著有守愚堂詩賦小草本里人

○和鄭漢三王煥之遊仙人洞贈吳升甫詩

昔聞大洪山西有仙人洞洞口幽人居煙雲滿檐棟我欲約素心載酒貯銀甕策杖窮奇蹤轉處石道凍王郎與鄭虔儕奇爲伯仲携手自碧山來向清溪弄洞天恣盤桓山靈爭迎送惠我以新詩頓破遊仙夢

○初冬登洪山

疊嶂與天通登臨興靡窮人來黄葉外路入白雲中古寺埋陰雪宵鐘度晚風山僧多愛客共話萬緣空

高崇志字士先嘉慶時廪生著有鄉黨義證已梓學庸萃精待刊本里人

大洪山慈忍禪師道場

造物鍾神秀。矚望極高遠。星辰手可捫。江漢如在前。壯哉慈忍師。心印契予竅。挈錫來山麓。默禱多省感。遂開選佛場。南緣真不淺。留跡鎮山門。賜號傳金飾。幽濟古額存。歷劫相輝煌。龍池沁道心。清泉滌鉢盞。神遊天地間。鄂許登同澳。靈異共震驚。誰云盡虛誕。世代隔千秋。舊蹟憑周覽。緬懷欽古德。禮拜肅薰盥。

和郝益庵先生珍珠泉元韻

當陽顯聖寺。地志有異泉。人聲及撫掌。涌若珍珠然。隨所長岡市。橋東有泉源。混混凡數處。瞰之同清漣。雖殊江海流。亦自異微滑。或如潮湧瀾。或若玉漱瀨。小池含元氣。濛濛蒸如煙。其竅誰爲鑿。其出機自圓。有似鮫人泣。又如合浦還。地靈不愛寶。獻出隨清瀾。纍纍相接續。象罔莫能察。我常從茲過。濯手每盤旋。愛之莫能名。水媚自鮮妍。今入詩人筆。嘉名允不刊。寄語探驪客。千金覓此間。勿謂璇淵折。僅足溉稻田。夜光池雖遠。我欲相互遷。昔年鮑太史。賞我隨珠篇。新意和茲曲。風致足翩翩。

郝　謙　字志光號益庵嘉慶時文學著有述先堂詩古文本里人

○大洪山詩

造物雖閒暇。端自有經營。作此大洪山。與世留不平。層累幾千仞。突兀勢崢嶸。上指摩重霄。仙蓋飛霓旌。下瞰塵世間。細碎如蠅聲。四顧罕儔匹。卓立天所成。自有此山來。滄桑凡幾更。山自日青青。髮自日星星。星星可奈何。賢達同此情。我來値秋晏。願與山神盟。山自安靜鎭。我不愛浮名。混淹遇希夷。得失了無爭。

珍珠泉

滇南永昌府。厥有珍珠泉。土人共珍異。紀載詳簡編。隨西大洪山。滇水之淵源。由北長岡布。溪水清且漣。有泉凡數處。冷冽流涓涓。或激自石罅。或溢自平灘。市橋東路旁。小池圓芳煙。其泉碎玓瓅。萬顆出且圓。燦若貫百琲。宕漾縈清淵。色瑩碧以綠。蘋藻相牽連。浣手試漱齒。芬馥氣如蘭。此水自開闢。於今知幾年。過者無相盼。見者無相憐。我性僻山水。搜羅到此間。慨其鍾靈異。泯沒瀕稻田。抱奇豈終秘。得性不苟遷。用錫爾嘉名。爲爾作詩篇。山風倏然來。吹我行翩翩。

仙人洞

石壁巍巍數十丈。裂爲巨洞氣森爽。何年壘石爲洞城。其外肅穆內宏廠。此洞遺落山海圖。我入見之爲嗟吁。東壁鐫作神仙字。字大如斗筆畫殊。依次題名數十輩。文字皆蘚相模糊。西壁勝朝存舊額。興都洞天神所都。道人題曰仙人洞。縹緲何異方蓬壺。平生好幽奇。對此神愈快。奇巧錯天工。森拏疑鬼怪。有如至人心。玲瓏無一礙。溜滴璆然響天樂。馮夷鼓瑟瀟湘隘。山精木客拱手立。靈旗髣髴神明噫。左歷坑坎若陌阡。石乳突起成峯巒。右聞流水自內出平沙湧激聲潺湲。土人由右更深入。竟日不能究其全。
予心慎洩造化秘。知況乃臨淵泉。獨立長嘯呼仙子。琪花
琪草風翩翩。稽首手攜靈藥出。元猿老鶴鳴蒼烟。

鐵釜行

大洪山上兩鐵釜。色如蒼玉形製古。復有一釜模範同。巖
前相去數百武。神全體重容受宏。質性堅貞蝕不腐。沐日
浴月飽雪霜。風自風兮雨自雨。憶昔慈忍力通神。開闢靈
峯建梵宇。徒衆猥盛幾百千。供饌勢難升合煮。鐵官運鐵
積若林。洪鑪裝炭如樓櫓。火輪風橐役六丁。金精鎔液水

交飛釜成赫燿萬人駭。祝融歡忭媷收舞。砌石爲竈鐵柱撐。胡麻爲飯菊爲脯。滄桑更變此獨完。疑有神力爲撐拄。世人少見多所怪。詫爲異物十四五。我來正值一陽生。著雍之歲支屬鼠。俯仰凝視手摩挲。爲三歎惜心怦憮。從來大器難適用。用則爲珍棄爲土。鄭重謂釜莫怨嗟。我有好言相慰撫。念我淪落與釜同。讀書百卷嗟何補。相憐爲汝賦長篇。使汝揚眉氣伸吐。況今天下久昇平。明堂禮樂昭寰宇。調鹽和梅豈無具。大烹頤養必有取。釜兮釜兮且安之。會有用時當用汝。

戊子冬同弟志蕃登洪山

峻極疑天上登臨弟與兄目中三界濶煙際萬峯平冬氣如春暖詩懷似酒清遠公眞惠好閒坐說無生

三里峽

左右山連亘溪通曲折行片雲支鳥道陡壁落猿聲月午永猶壯峯多樹不平幽懷貪野趣小立摘寒英

高曇 字卿書號晴墅道光二年由廩生舉孝廉方正京山人

宗弟育亭寄示大洪山志賦贈一律且訂看山之約

識將南董筆修作馬班文不朽名山業虛懷若谷勤龍池

深莫測馬嶺險嘗聞何日攜笻杖同看劍口雲

詩續

癸巳輯詩二卷已成而四方同志復有相投者續編於此以詩到之日爲先後年齒未能盡悉也

喻聖朝 字賡颺乾隆時監生本里人

和友人登洪山元韻

騷人乘興訪仙蹤磴道盤空疊幾重壁削三峯惟鳥度碑殘六字半苔封巖邊曲徑纔通馬山下清池舊浴龍暮色蒼茫烟樹外夕陽影照碧芙蓉

喻長青 字松年嘉慶時文學里人

和羅公理遊洪山晚歸元韻

磴道淩雲峻如登萬仞梯景隨青眼濶心與白雲齊楚甸開晴嶂襄江認古堤高吟人境外歸路夕陽西

喻聖治 字懋和以字行嘉慶時文學本里人

遊仙人洞

古洞何人隱幽閒別有天寒松棲野鶴峭壁瀉飛泉乳穴冰爲硅仙家石作田桃花霏片片恍遇武陵緣

張朝靖 乾隆時文學

登洪山

形勢巍峩鎮漢東四圍雲氣接鴻濛鳥邊峭石巖邊樹猿

嘯流泉谷口風指顧龍池秋雨後徘徊梵宇夕陽中披襟更上高臺立呼吸還應帝座通

彭國瑞嘉慶時文學

宿靈峯寺同僧夜話

人間那有長生術漫向黃庭鍊汞鉛深憫羣迷羅世網強將山水樂餘年魂歸西土稱成佛名著東山儒亦禪自古聖人皆有死只留聲教在塵緣

周以清字心泉嘉慶時文學里人

春日望洪山積雪

林霽草木蘇空翠如可招倏然望洪山高插浮雲層巖岡
悶昏曉積雪明巖腰層陰阜午凝日色淡不驕寒光生遠
目燁爍若瓊瑤冷暖爭向背此盡彼未銷始知最高頂氣
候異平阜浩歌掩柴扉素戶風蕭蕭

周應桂　字次五嘉慶時文學里八

游洪山寺

為尋勝蹟步林泉古寺橫撐別有天竹徑斜通紅葉外松
濤遠瀉白雲間山巒好景皆供佛魚鳥無親人亦解禪不羨
桃源稱絕境由來此地隔塵緣

周應爵　號慎庵嘉慶時文學里人

登大洪川

逢人便說大洪嶺，此日登臨意豁然。幸有頭陀能索句，縱無慈忍也談禪。鬧將兩釜烹明月，喚起雙龍躍廣淵。此處桃源應得路，問津何必武陵仙。

蔡自操

上巳豬龍陂修禊

三月上巳辰，惠風和且暢。韶光滿目新，春意何駘宕。結伴到龍陂，盈盈春水漲。日朗氣恬愉，嶺雲自飄颺。緣路尋舊蹤古墖屹相向問是何代建嘉祐年可訪墖背嵌貞珉斑駁留字樣是時雨初晴列坐沽春釀花陰囀黃鸝綠波疊錦浪放眼天地空雲變百狀夕陽忽西斜峯巒影到漾一聲發長嘯襟懷何浩蕩

彭大美 道光時監生

靈峯晚鐘

誰把長鯨發金鐘振上方泠然一聲響驚破萬瓦霜天下多聾聵人心屢告亡正堪清夜裏喚醒幾黃粱

贈白雲和尚

帶露朝鋤藥圃爐晚煉丹君看名利客轉卻老僧安

彭大鳳道光時監生

洪山紀興

天净雲開四望通羣峯高捧梵王宮鐘聲遠出千山外泉影遥穿萬木中名士歌謡欣有託老僧元妙總成空從今寄語遊仙客莫問桃源問大洪

彭大善

大洪山對雪

一夜寒浸骨闕河正皓然雲迷山下路雪補鏡中天谷冷

冰侵樹陽回草蔕煙試從高處望碎玉滿藍田

蔡崇高　嘉慶時文學

登洪山

一峯高竦萬峯迎絶頂登臨眼界清斷足巖空惟鳥到懸鈎山險令猿驚停雲叠作峯巒勢瀑布時聞風雨聲最是夕陽斜照裡天然圖畫望來明

高楹　號龍池善書里人

登洪山訪阮寶山醉歸

橘雲直上大洪巔爲訪故人菲禮禪醉裏不知歸路險懸

虛恍似御風仙

阮大瑛號寶山棗陽人

寓大洪山寄友

奇跡靈峯萬慮蠲，蕭齋兀坐靜如禪。閒從險徑探奇蹟，倦與幽僧望遠烟。啓牖常邀霄漢月，烹茶時汲上池泉。春陵故舊如相問，謝却塵凡別有天。

高兆櫆字蔭三道光時文學里人

九日登大洪山

攜酒登高逸興濃，同人相約到靈峯。雲迷劍口溪邊樹，風

度落湖寺裏鐘，遠水依天掩白練，清池當戶躍黃龍。勝遊
不數龍山客，醉倚斜陽卧古松。

喻朝楨 字公幹，里人

春日過師古塘

師古塘何處，晴郊一徑通。風來楊柳外，春在水雲中。浴鳥
翻溪綠，搖鞭拂杏紅。入山尋勝蹟，長此憶顔公。

李學治 號均齋，與高洪東同訂鄉黨義證，本里人

洪山

洪山峭拔近天衢，天外三峯入畫圖。鳥逐嵐光相上下，龍

隨雲氣任吹噓層巖自古多靈蹟絕頂何年落大湖識得唐僧飛錫處無須海畔訪仙途

贈洪山本崇上人

門前湏水自洪山每望洪山解笑顔德士春容仙佛界香花隔斷利名關龍池月上千秋曉劍口雲飛萬古閒擬是唐僧西去後三生石畔見君還

唐景中　字春陽棗陽人

望大洪山

靈山縹緲隔雲烟勝蹟奇踪自古傳日日憑欄生遠望何

時却上翠微巔

唐閎中 號惺齋棗陽人

龍鬬巖

雙宕對峙鬥雙龍頭角冄崢嶸竦碧空應是明珠探未得朝朝怒挐此山中

詹立華 字亘甫嘉慶時文學

秋夜留別靈峯寺妙清

疎林木葉丹寒潭秋水澄歲華已云暮況復別友朋我宅洪山下君爲洪山僧我下洪山榻君伴讀書燈三時忽[illegible]

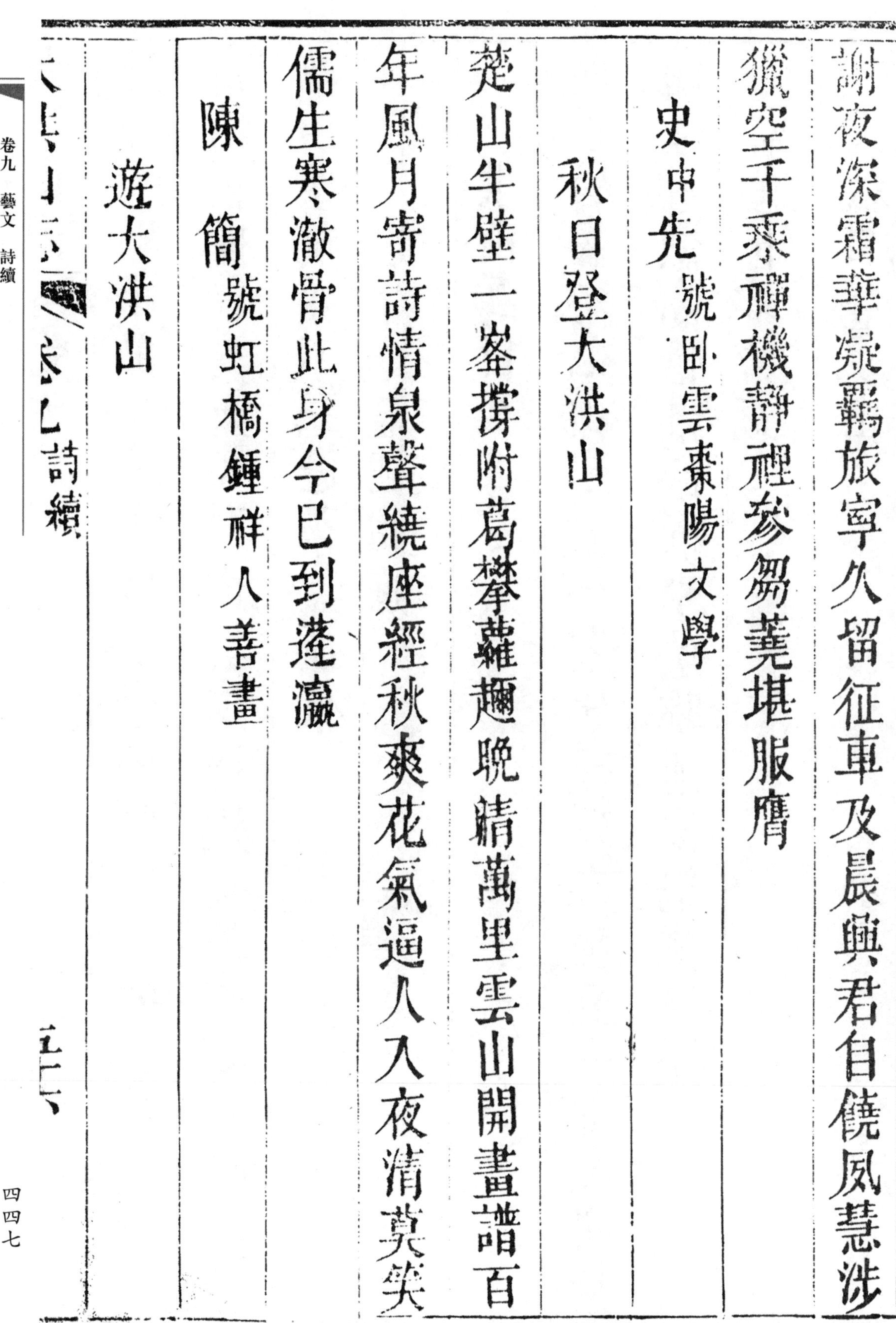

謝夜深霜華凝羈旅寧久留征車及晨與君自饒夙慧涉獵空千乘禪機靜裡參芻蕘堪服膺

史中先 號卧雲棗陽文學

秋日登大洪山

楚山半壁一峯撐附葛攀蘿趣晚晴萬里雲山開畫譜百年風月寄詩情泉聲繞座經秋爽花氣逼人入夜清莫笑儒生寒澈骨此身今已到蓬瀛

陳簡 號虹橋鍾祥人善畫

遊大洪山

歷盡崎嶇路萬千尋來妙境畫圖懸一水縱橫翻白練羣山峭拔擁青天靈峯有雨雲成海鐵釜無炊霧作烟登臨絕頂塵氛淨不亞蓬萊一洞仙

郝　闇　字志蕃號怡庭

洪山寓目

塵世皆虛幻茲山自古今宋唐殘碣在隨郢一峯臨攬勝馳遥目憑高愴壯心從來遊眺地懷抱意何深

羅道矩　字方湖

秋日登洪山

靈峯峭拔楚天空石磴盤旋一徑通猿卧綠苔暄野目隻
隨黄葉下秋風巖前宿雨侵龍門嶺外閒雲度馬騣千古、
名山留勝蹟摩抄憑眺興何窮

傅必泰 字昌期里人

登洪山

欲上高峯立秋風撲面迎千林含雨色萬壑響松聲目小
隨侯國山連楚子城當年血戰地野火暮烟平

傅文顯 字學正道光時文學里人

和鄭漢三遊仙人洞原韻

仙客攜琴遥情在山水結伴探巖壑烟雲拂杖履右洞
閟靈蹤深入雲根裹餱穴盤蒼藤攀石翠窟指四壁無日
光幽泉響綠綺陰氣慌遊人前行復轉屝開闔始何年鼎
哉甚奇詭高曠含幽默令人深仰止奇巧有神工臨風探
內美躊躇未忍歸羣巒暮烟起

高兆榮 字華袞里人

遊白龍池訪鄭學士故居 地名狀元屋基

鄭獅呼龍地清池自古今文章邀帝鑒忠孝契天心故址
樵人識殘碑過客尋嗟予千載隔憑眺意何深

高學敏 字達士

前題次堂叔韻

曩哲會留處芳名炳至今我來探蹟懷古抱幽心池水依依然綠斯人不可尋千秋遺址在谷口白雲深

高醇儒 字酉山山

和喻公幹過師古擒詩元韻

四馬來長嶺幽深一徑通石門林影外水磨瀑聲中故蹟平蕪綠殘碑夕照紅驂人經訪處疑信說顏公

李文楷 字端本 里人

遊仙人洞

爲訪仙人此地遊仙爐香渺水聲幽山中雲氣層層起洞口桃花片片浮碁局尚存柯已爛笙歌欲唱調誰酬隱隱選勝空回首試問樵夫得見不

張朝鼎 監生

過何嶺

曉霜拂樹白茫茫嶺樹經秋葉半黄曾記衝霜行此路馬蹄又踏嶺頭霜

郭書祥 號洪溪

春日遊狠頭岩

何處堪遊賞狠頭勢峭然花陰迷曲徑樹影接晴天右洞因爲屋荒城不計年遊人登玩久欲備買山錢

萬楚 字荆臺里人

何家嶺

峻嶺鬱蒼蒼輕騎露正涼山從何處斷路與白雲長地僻花偏發巖高石自荒深林烟火外刲酒晚聞香

李朝順 字國瑞里人

遊觀音洞路上作

十里峯巒石砌成冬青樹繞竹枝生嚴冬似搽三春景只少桃花兩岸明

喻立椿 字洪年里人

重陽後二日自洪山抵澴潭

朝發大洪山暮抵澴潭宿相去百里遥山光宛在目四顧夕陽殘解鞍息塵躅古市迷炊烟人聲喧鄰屋入耳多絃歌菊香酒正熟風景足留人永夕洽幽獨起視星河低落月下喬木

喻良貫 字持平里人

九日登洪山

三峯横縹渺一徑走盤旋雁到重陽日花開九月天題詩臨石壁酌酒醉山烟極目荆襄外江光一派連

詩續

大洪山志　卷九

六

# 大洪山志卷十

盋庵郝　謙纂輯　南院釋本嶷因校刊

青亭高福滂參訂

## 藝文志下　賦　序　記　引　碑銘　題跋

### 賦

國朝

裴天錫　字長齡，山陰人，進士，知武昌府事

#### 遊洪山賦有序

昔輿公天台明遠蕪城，皆極山川之綿邈，戛金石之鏗

鏘此固才人之致斐然之作也余陟觀郊外攬勝洪山登眺之餘慨焉寄志敢云躡景曩賢聊以怡情時會云爾此賦武昌洪山也然武昌之洪山以隨之洪山得名故附列於此

靈雨既零和飈襲薰駕我騏騮屆此良晨既因時而暢志亦謀野以問耕眺廢宮之蒼涼聽坰牧之嘶鳴儼亭臺於空外度內府之新聲信物類之易遷悵榮悴於倏更仰賢哲之嘉謨貴立德以垂馨於是出闉闍循郊埒市喧歇野香發幕雲烟於菘圃漾麪塵於芳陌雲冉冉而停侯泉涓涓而波活忻麗景之開鮮恬愿恫之民質屣蟁籬以守畔鷗

隱麓而啄粒戒前騶其前譁靜闇闠之動息爾乃嵐遶

翠螺嶹鋪碧莎屹參差之垠堮衍蜿蟺之陂陀雉鷺麥

而翻浪鶯拖椰以織梭曉璀璨於鬖形襟豁朗於磊砢

衡宇連樛衢術逶迤鑄　　　　繆嵌崔巍以攫拏竝

圜鎮之玉帶移汝物於銅駝夫何含衛之肇基兮緊黄

澤之鷲峰巒扶輿之清英兮崎層城之勞窿嶽崇虢於

大洪兮院勅名曰寶通戌削於僊李之俶紀感祥於慈

忍之濟宗乃闍崛之鼎建兮遂鷲翔於鄂封聳琉璃之

飛甍兮絢綝纚之文　轉三車於化城兮開四睠之迦

宮由唐越宋多歷年紀霆浥暘蒸霜摧飈壇井藻緣桷
斑莓靆砌麈麌嘯侶而陸梁伊威翕羣而歡　烟冷桑
蒲之炊雨墮仙　之淚豈靈光之歸然類黃陵之將圯
匪鉅力於精誠嚋振頹而釐廢爰有清忠統使居士無
庵撓陽戈於嵫晼超羲解於極先悟梵剎之敗建竟考
卜而締旃相巘原而雲布綴邅邌以是聯羅獅貌之壞
詭肅檀藏之莊嚴定巖扃之形模已結絡於垓埏遠前
明之中葉更增美於雄藩前有軒亭兮矯翼以影翳後
則湧墖兮盤空而嵬㠥儗三階之履泰兮遞歷級而峻

嵋象九宮之列垣兮位大雄於爽塏甲南國兮俛格澤之經纏拱北辰兮軼芝葩之擎采憑土木兮稱賢浩刼灰兮不改忽隱見兮何窮泝古今兮寤慨余乃倚目乎泱漭之域曠懷於縹緲之鄉思茅茨之不煎崇俗飾以輝煌紛野馬之氤氳願問途以偕藏日銜山而靄紫葭茁水以凝蒼企伊人於湄涘慕沂舞之徜徉歎詠歸而嘆然識進取之有狂狷旁希夫由徑旋稅駕於周行

郝師宣 見前

洪山夜雪賦

元元主人與浩浩之賓縱談中夜相與啓戶而視霜天四落明月在山蒼石翠林虛白光烱其間標峻極於青冥上燭照乎九天朗朗明明亭亭淵淵姮娥下視玉屑高鮮霜則殊華冰不同堅凝而視之厥維雪焉主人於是儆重簷啓阿閣爇銀燭洗瑤爵華筵陳絃唱作瑇瑁成裝琥珀爲酌酒未半倏然而思肅然而稱曰先生亦聞茲山之所由昉乎肇水經而名著表靈蹟於大唐更千載以迄今蝕雨翕而雲張値寒陰之晚迺表積素於虹藏秉坤德懸天崇危巒峙青女翔雲霞蕩其縞潔風

日麗其茫洋雖凝暉上徹於霄漢而積氣擅勝夫夜光金波銀海地璧天璋分寒於清虛之府擬照於玄圃之岡先生見客笑默默而無所揚乎賓曰唯唯彼北風之所詠謝客之所賦吾知之矣請言其畧夫其同雲起封朔飈廻陰乾闢坤闔上升下沉林壑斂而變色鳥獸噤而韜音集霰迷空漫漫同岑雜沓飄颻委積浸淫厚逾盈尺高邁千尋光昭珉砌素含球林渾鴻濛而一氣偉南嶽之貢琛去天於呼吸之間羣仙覽而下墜於是天闕靜闔六宇澄空微塵不動萬壑玲瓏映西山之返照

洌朝旭於巖東爛爛若銀海之濤浸乎神山瓊室盈盈若天漢之波漾乎渚璇宮增厚於池冰之裏委潔於巖徑之中石若實而若虛樹何異而何同已而楚塞雲昏漢濱霜落玉兔高飛圓靈四灼北去鴈鴻南飛烏鵲凝鐵岔以沉寒悄龍巖之崖髣髴壁失其清森丹梯煥其寂寞瀓天際之鼓鐘絢空中之樓閣莫不輝含素積晶瑩寥廓清浥蓮漏靜瀓蘭霧天花則六出同飛玉山則三峰如削崑崙墟之瓊樹枝葉光華藐姑射之僊人肌膚綽約素影淡清輝凝碧宇涵蒼璧明孤標炯而律崒

絶巘兀以崢嶸地晶晶而光爍天昭昭而氣清[illegible]生寒河漱雲縱霧橫虛含萬象靜閟陰精峻萬仞之琳琅炳二氣之精英則有思婦征人羽客墨士開軒延碧落之輝回首望瓊瑶之美搖情似玉之奇峰動色如冰之高峙愁心結而嶔寄遠目動而迤邐元元主人慨然而興曰思佳哉鬱鬱綿綿不可以畢辭乃奮節而歌歌曰歲方晏兮夜既艮流風籟兮差雲觴望美人兮天路長鼓瑶瑟兮吹笙簧浩浩之賓默爾而息穆乎若有思徐而和曰高山月出天峩峩鶴鳴雲漢明星多回風白雪發浩

歌上徹於帝帝唫哦天孫下覘決銀河懸流直下爲素

波中峰靈氣浮天柯

郝　謙見前

大洪山賦

巍巍大洪於漢之東作鎮作固既鉅且雄應翼軫而盤

結偉體勢之峻崇絡桐柏而聳峙襟襄漢以如虹平採

唐鄧俯窺復郢沮遏阻隧爲藩爲屏試陟高以遐矚周

平原之迴迴爾其千仞孤懸三峯峭削巀嶭崔嵬嶔崎

岧嶤東西從龍鐘鼓之峰北巖舍身屹墻無蹤攀碧落

於尺五俯下界之濛濛拂高雲之危岌兮倏飄籔乎天風入蘭若之幽窅兮瞻慈忍之金容靈赫赫其普濟兮實福壽乎此邦叶自巔歷趾周於四麓鳥跡猨蹤巖迴澗複蜿蜒連延窔兀委曲西以戀鈎爲匹北以五雲爲衛東以馬鬃爲屛南以筆架爲蔽超拔騰驤伏匿閉藏巉如倒峙若坊水流磯磕砰磅崖傾敧其欲壓兮憂猶凝夫雪霜深菁迷離而奥杳兮日幾年而不見陽且其博大淵宏盤踞鄰壤地形攏聚故所孕者雄川陸蔚深故所育者廣其水則分巖各派異㵎同流發源盡穴其

漸容舟胎湏友澂均嵯相求爲敖爲富蕩蕩憝憝天降時雨潢潦滙聚漭瀁洋溢濺濔布濩浮纖沇巨疾如勁弩則有壘石爲墻通貿達陛上灌下溉千耦雲興藝我稉稻百穀是登若乃因勢乘便緣溜承隈設爲機巧水碓磑裊爲香爲楮於焉取材月明星皎激水徘徊舂響四答聽者依依其洞穴則有觀音靈濟銀箭仙人娥皇黃仙穿洞雙門鑿其混沌匠以鬼神玲瓏剔透鮮剝鱗皴監司題名賢牧留碣隨應州治於焉曾設鮮偉好奇之士篝燈裹糧欲探其所抵而卒莫能越其上有池焉

其池則有黃龍度父一曰豆腐池洗手蓮華仰出峰頂瀲灩甘嘉僧厨資之停而不污其下則有黑龍燕子湯泉龍陂歲時祈禱春燕羣嬉諸池之中白龍爲大白龍池者背懸鈎以作趾聯龍門以爲隄湛清泉之活活浸空谷之淒淒瀲碧霄之瀰瀰兮浴夕景而激朝暉葭蒲叢生於其浦兮鳧鷺呷喋趯跳於其磯蟾蜍吐珠於碧岸兮鯢魚攀援而兒嘑荒重和之舊碣兮弔有宋之式微偉蔓浴之鄭獅兮慨今昔之殊時緬疇曩而躑躅兮獨與嘆乎此地於是乎游獵之侶樵採之徒遵乎林薄陟彼

阻岨羅鳥獸之詭異博草木之衆殊其木則有𣝂櫟壓
柘冬青木蘭椅桐梓漆櫰楸榆檀松杉樅檜楓柏椿欒
樛枝岅巘交蔭峰巒布密葉之滑滑兮挺修幹之丸丸
森葱蘙而覆地兮卓聳拔而刺天下有猙獰恣睢之猛
獸兮其上珍禽翺唳而自聞其獸則有黄斑赤豹貛狐
鹿麋香髦麝父豺獺猴獼響鈴之豕食果之貍張我弓
而挾我矢食其肉而寢其皮其鳥則有文雉翡翠我師
之禽山鶻白練鸜鵒脊令候時之鳥順陽背陰采采文
翼嚦嚦好音至若紅龍紫蕨青菝白芷馬苺鹿葱菀絲

虎耳菝葜茵谷離離靡靡草可名者數不能紀又有葳蕤薯蕷忍冬茯苓藥物之屬炳耀乎丹經其蔬菜則有珍珠石髮巖花玉環和以甘旨以樂嘉賓其芳草則有芎藭芷若蘼蕪蘭蕙柔條纖莖從風搖曳騷客所名佳人是佩入叢雜而獨芳似君子之自勵若乃凉秋九月萬寶告成落實取材拔萃收英斧斤入山許許丁丁代木爲炭以薪以蒸榛栗柿橡彌山亘谷紅若丹砂青如紺玉采之擷之筐籠相屬歌響振乎陵谷木客抃而山魈伏乃有遺俗之人超乎之士墨卿儒客黃冠釋子履

險陜幽探源竟委搨宋志憩叢林摩石柱緬淮南勵珍石緣崊嶔扛大鑊祝甘霖雲之出浩如海湫彌漫動光彩羃林柯摩磊磈百里遥氣色改日之夕返照來漢江流天西陲像匹練澄清漪晃搖搖光陸離蕩人目雒山雜洪山雲海返照皆爲奇景陰晴狀杳難齊則有貪此奇景相與危坐遠眺載歌載詠而情無已焉且夫洪山之所由名者遠矣水經詁焉國史譜焉宋宗懿之伐蠻則經之以破敵僧慶預之禦寇則保之以活人又或戍以獵戸亦或放其亂民劉清之化奉祠之俗鄧衛國取馬劉之寨當

夫嘉慶二年白蓮教之干紀也幕府亦命佐領邁德率師而扼其要害蓋實漢東之巖疆而隨西之險隘也聞之深山大澤必有鍾美其磈磈磅礴之氣不獨瓌異之所叢育而必洩之魁奇之士方今

聖人御極德祚無疆邁三王之由遐追上理於羲皇茲辟雍之雅化收俊秀於儒英叶逸驥受策而致遠文鳳附翼而來翔有俊言巢由者則樵夫笑之矣隨爲有周建國神農氏之聲教存焉大洪又隨之奧區也士生其問者可不勉歟遂作頌曰偉哉山應星躔垂名字自古

年拱淮漢崒嵂嵂南三溠西郢門藹蒸育惟日新出雲
雨澤生民亘萬禩德彌貞與不朽惟其人

# 藝文志

## 序

唐

李白見前

冬夜於隨州紫陽先生餐霞樓送烟子元演隱仙城山序

吾與霞子元丹烟子元演氣激道合結神仙交殊身同心誓老雲海不可奪也歷行天下周求名山入神農之故鄉得胡公之精術胡公身揭日月心飛蓬萊起餐霞

之孤樓鍊吸景之精氣延我數予高談混糸金書玉訣盡在此矣白乃語及形勝紫陽因大誇仙城元侯聞之乘興將徃別酒寒酌醉青田而少留夢魂曉飛度涤水以先去吾不凝滯於物與時推移出則平交王侯遁則俯視巢許朱紱狎我綠蘿未歸恨不得同棲烟林坐對松月有所欵然銘契潭石乘春當來且把琴臥花高枕相待詩以寵別賦而贈之

本朝

高翲　石城人進士知德安府事

## 洪山志畧序

余昔未第時嘗遊仙壇九華諸勝以爲宇內佳山水鍾於吾江南矣及釋褐後從政荆北聞客談隨州大洪山之勝㮣其孕異不惟擅美郧郢而且景仰三楚乃知宇內名區不獨江南爲然也頃奉

簡命來守安州而隨實爲屬邑竊幸與此山有緣或按部至隨得以一遊爲快卒以簿書填委欲蠟屐而未能也偶如郢道由雲柱遥望一山翠聳雲端珠番天半指問從人知爲大洪欣然色喜擬轉徑蹈厥巔周覽奇蹟

借僧榻作半日之閒及冗難撥終止未果鬱鬱焉有爲官不自由之歎一日夢憨王生介洪山僧體忍來謁以所輯志畧呈覽且乞予言弁其首時公務益繁加以秋苦不登亟思拯贍無策奚暇搦管爲文而夢憨索之甚迫愈於逋負聊走筆綴數語於簡端按洪山在上世草昧未開人跡罕到爲虎豹之林藪龍蛇之窟宅唐寶歷時慈忍卓錫初闢靈境嗣是而宋而元而明法席日盛天章屢錫鴻號疊膺相國張公文獻黃公記之詳矣而其水源之奇泉池之美備載水經注及一統志廣輿記

太平御覽諸書至於名公鉅卿墻銘碑記之文與夫騷人墨客流覽景物之作其篇章皆有可紀者顧無人爲之蒐輯勒成一書坐令奇蹟湮沒遺文散軼詎非此山一缺陷哉今體忍是編雖草創粗成體製未備而拾軼紀勝足以補前人之缺畧備後人之採擇洵有功於兹山者歟然則吾雖未及登覽得體忍之書而讀之亦可以無憾也已體忍名萬慈京山王氏子少習儒業鼎革後爲僧徧參方外戒律精嚴爲當世所欽

李本固　見前

## 洪山志畧序

洪山志者今體忍和尚之所集也諸名山皆有志大洪非五嶽比曷志乎曰禮有之山川能出雲爲風雨見怪物則祀之祀之斯志之矣洪山有焉故宜志之也且靈濟慈忍尊者道塲歷唐迄今赫赫然耀人耳目聞山不在高有仙則名故尤宜志之也曷志乎志人物也志形勝也志生産也志文字也粤自慈忍開山唐賜額曰幽濟五代晉曰奇峰宋曰靈峰元曰萬壽代蒙國恩賜有顯額則恩紀宜志靈濟衣傳諸裔若報恩若芙蓉若守

遂遷及於牧蚫了庵燈燈相續則衣鉢宜志洪之東爲隨之大義栲栳九十九岡洪之西爲郢之黄僊九華雲柱之京源大陽諸山脈絡蔓延皆本洪爲鼻祖白龍池而下水之爲澴爲漳爲均爲富者悉源於龍湫一綫則山水宜志地土所植椅桐梓漆之外黄精菖蒲茯苓遠志等材皆鍼人膏肓砭人肌骨約備本草所載則物産宜志代傳土田若干凡燈火之需饔飧之給皆於是乎取則田畝宜志溯馬祖傳心有偈自後絺章繡句龍文虎脊之作代代不乏人則藝文宜志故人物也形勝也生

産也文字也惟志斯傳傳斯久也故志之也然則前此有之乎曰顧東橋先生曾疾之矣更歷兩代時異勢殊今體忍亟修之宜也然不志不傳不采則無以志此體忍之所爲博蒐旁搜孜孜勤勤也雖體裁有未合綱羅尚未盡而已足備覽嗚呼其願力也宏矣其用心也苦矣

高鈞見前

洪山白雪吟序

余家大洪之北麓别業在其東曰蝶玉山房歲月清閑

兄弟友朋縱酒賦詩放浪於山光水色間洵太平樂事也歲壬子王君香谷館此爲予課子姪與羅雲浦郝洪兆家兄大洪弟少洪及安陸之李萍野相倡和所作水磴歌古柏行各出機軸尤雄傑可喜余客春陵不之與聞於郵筒中逼贈答諷新詩如對故人也香谷去萍野死余亦倦還獨居寡偶此調不彈久矣丙辰春之數子者咸聚羣城適襄郢告警各欲寧家遂怱怱散去嗣是氛氣日熾蔓延吾鄉

國家承平百餘年未嘗睹烽火之警人各懷土不肯輕

去寇至倉皇引避扶老携幼兒號婦啼風餐露宿數百里相屬斯時也父子兄弟有不得見者况香谷雲浦相距各數十百里欲如曩昔之從容觴詠以暢叙幽情其可得哉寇退余以仲夏旋里香谷以十月之交過我與洪北相値各賦一詩相慰藉余兄弟亦爲之屬和感時傷離悲喜無端迭倡聯吟遂歷旬日得詩百餘篇都爲一集題曰洪山白雪吟悼和者之寡敢謂曲高耶余且東遊將以質之雲浦視往作爲何如

劉廷模　字觀亭黔南人拔貢知隨州事

# 大洪山崇寧萬壽禪院合家碑序

余涖隨州七載公餘披覽州志人物山川瞭然在目沿革建置靡不留心如修至聖廟瀹通津橋爲童子廣義塾皆賴諸君子匡余不逮行將蕆事觀成勒碑志美寺僧適又以萬壽禪院合家碑序爲請夫萬壽禪院大洪山下寺宇也隨之國大漢東而名勝之區惟洪最著洪之得名傳聞或不一說顧來自淮西舶艫迤邐而南盤踞四邑翼以太陽大猿諸山林巒聳異巖壑抱幽漬水川鄉流長源遠蓋天鍾秀於是余嘗欲一往觀之未果

也聞其跨山陰之腹者則有禪院攷州志唐廣德二年僧慈忍來自五臺應遇湖即住之語卓錫其間後封曰靈濟而寺因以名奇峰寺見於歐陽公文靈峯寺見於張商英記要之祈甘霖掘黃獨其爲山靈之眷佑則一迨易封爲萬壽禪院法派流傳名僧輩出豐碑屹立燦然唐宋人法帖又不僅鄧公之記序已也世俗所傳杳冥之說或不盡可據然歷千百年而寺與山俱不朽亦足見其靈長邇來廟貌傾頹佛頭露處蓋由後來食指之衆分爲三房遂以千餘年之道場而就荒蕪倘坐視

不理山靈何恃以庇有心者恨焉癸未冬十一月委僧正雲居查知萬壽禪院僧衆意欲重振宗風苦於獨立難勝適有廟鄰上舍生高崇志靈峯寺僧白雲吉祥寺僧松齋勸成合三爲一並願推清曉主方丈更有鄉善李學賢等出資助修因允其請給示禁無復分事因待人而行亦烏知非山靈之所致也嗟乎大厦非一木之支良裘非一狐之腋事之廢於獨立而成於協心者獨禪院也與哉余嚮聞廟碑如林方欲命工摹搨以觀古作者之文章與其法帖而寺僧適有是請余材質謭陋

何敢與古作抗顧以斯山之名勝與斯院之整飭而寺遠在黔南得列名於上則非獨禪院之幸守土者亦與有光焉

竇欲峻 見前

重修大洪山萬壽寺募化引

功德之說有二名山大川興雲降雨滋潤灌溉澤及生民崇德報功一也紺宇綝宮晨鐘暮鼓乞靈禱福取資衆姓酬德紀功二也隨州西南有山曰大洪其北兩水曰溳川上世爲虎豹之宅龍蛇之窟也自有唐慈忍靈

師從五臺山來爲里人張武陵祈雨有驗而卓錫於此履巉巖披蒙茸爰於劍口之下建萬壽寺得平川掌大而衣鉢取給焉更從山頂建奇峯寺以覽鍾京隨棗之勝其左右諸峯上下諸窟遂各錫以名黄龍池白龍池利賴尤著歲時祈年豐禳旱乾禱靈雨無不應緇流相繼而宋而元而明源源不絶此亦有功德於民之一大叢林也且明末流寇之亂江漢汝潰之民避亂如此插黄獨支石釜煮澤瀉存活者以萬計此又山靈之賑恤也況茲山爲溳水之發源曲曲數百里沿邊居民以飲

以灌世世子孫利賴無窮又豈非山靈有以助之乎古之人飲水思源每有祈報濆水之功洪山統之也予謂凡有功德於民者皆當祀之洪山之功德豈小也哉方今海內清晏川嶽奠安凡一坵一壑類多廟宇矧茲千百年之創造數百里之大觀有功德於世詎可任其頹敗耶予牧是邦甫半載攷志乘慨想茲山之勝時偶適西南鄉遥而望之亦復殷羨歲甲申臘月十一日以巡緝邊境至藉以一登絕頂並詣南院得以所見無不到所聞無不周亦壯乎哉惟時萬壽寺方與土木郎方丈

清曉而間之則曰先是各僧分剎而居漸就剝落無能修整前年劉刺史觀亭命合三剎之僧爲一室聚而謀之重新殿宇故有是舉惟功程太鉅僧力甚微已竭數十年之積而不能告成可奈何予觀剎中僧衆頗知勤謹非享十方常住者流各僧亦卽浼予爲引以求十方功德助蕆厥事予曰山水以功德與人多矣可不酬山水乎酬山水無過山水之殿宇佛者曰隨緣佈施儒者曰好善樂施亦在乎好善之多耳隨之大所謂功德者諒無不欣然傾助以勷其成他日山靈默應湏水洋洋

食德報功世世無窮之福也其足以壯太平之象極登
覽之致山川人物於斯爲盛並可思焉矣遂弁言於簡
首以爲之勸

呂恂　字瑟堂北平人舉人知隨州事

## 鄉黨義證序

釋經之文核典物者疏義理究精微者畧故實求其本末兼該可以貽惠後學蓋戛戛乎難之經莫切於論語論語之難訓釋者莫如鄉黨一篇夫子曰我欲託之空言不如見之行事之深切著明也鄉黨所記固夫子盛德之儀型所謂見之行事者也以其地則自鄉黨燕習

以及朝廟尊嚴之所無不徧以其物則自酒醬魚羹以及玉帛車服之用無不周以其儀則自居處言語以及朝祭燕享之禮無不備讀者如親登孔氏之堂而目睹其形容而耳聞其謦欬雖其精微之蘊不出時中二字之義然或問其地而不詳其所在詢其物而不知其所辨語其儀而不知詳且備者之何以中規而中矩又何以從委溯源而得其所爲隨時處中者之萬一與此高君洪東鄉黨義證之所爲拳拳也往歲予攝篆漢東以事至洪山高君謁於公館持所輯學庸萃精及鄉黨義

證以爲贄予匆匆披閱未及詳也今年再涖州任因悉所輯而反覆焉其書皆確有淵源而鄉黨一篇尤其精力所注於典物則別之核於義理則析之精標經文於簡端而詳列詁釋於下既逐字分解之又逐句合解之且申重反覆之其有異聞可備參攷者則附存之務使學者之豁於目而會於心大抵薈萃前人之說而別其同異究其指歸皆深具苦心不爲騎牆之見嗟乎高君於此可謂勤也已高君之以所輯就正於予也曰生家世業儒以訓讀代耕特輯是卷爲家塾呫嗶計予曰與

其私之家塾何若公之同好因勸其梓而行之學者得是篇核其典物究其義理以進求乎所爲隨時處中者詩不云乎高仰止景行行止是則不負高君編輯之深心也夫抑亦不負乎玉成之深意也夫固弁言於首以爲之勸

高　鐸 見前

洪山頂募修禪院小引 嘉慶丙子

蓋聞水以有龍而靈山以有仙則名例夫二者交著四境瞻依也哉惟大洪山者村號落湖澤國於焉布潤派

分涓水安流自此發源北望襄江晶瑩似練東臨溠上渺靄浮空振衣千仞本插地而參天沛德九州亦出雲而降雨際旱作霖禱之斯應入山採藥求之亦多瓔珞杉半嶺縈青盤石竹千竿映綠才人協夢鄭殿元之遺事猶存名士題詩李供奉之詞章俱在更有靈濟祖師慈忍尊者結入定之庵搆修真之寺三千世界妙語飛花五百頭陀談經點石嶺外遺梁猶鐫宣和之字門前殘碣並留吳越之名邀勅建於唐初訪蹤跡於宋末固增光前代雄峙古蹟者也顧禪蹤不朽而世運多刼地

以高而無暑室以靜而生風隔窗雲霧飛臨畫棟之間絕頂山泉潤挹衣巾之上毋寒多而暖少亦燥暫而濕常是以法宇欲傾禪堂易圮此大佛殿之所由修也何處祇園恒有布金之達者隨緣護法詎非留玉之詞人圖更新於淨土是所望於諸公募鼎建於叢林宜遍求於信士白龍池原爲福海每祈福於慈悲黃鵠山本是靈峯願假靈於大衆豫章寶樹承惠者無多虞氏名隅鳩工者蓋寡力能支廈廣施泉府之餘聚以成毡不事銅山之徙今朝隨意是用權忻他日結緣別容登請

## 記

### 宋

張商英 字天覺新津人建中靖國元年以丞相謫守隨州

### 大洪山靈峯禪寺記

紹聖元年詔隨州大洪山靈峯寺革律爲禪外臺始請移洛陽少林寺長老報恩住持崇寧改元正月使來求十方禪寺記乃書曰大洪山在隨州西南盤基百餘里峯頂俯視漢東諸國林巒邱嶺猶平川也以耆舊所聞攷之洪或曰湖未詳所謂今以地理攷之四山之間昔

爲太湖神龍所居洪波洋溢莫知涯涘其後二龍鬥開層崖湖水南落故今負山之鄉謂之落湖郵此大洪所出名也唐元和中洪州開元寺僧善信即山之慈忍靈濟大師也師從馬祖密傳心要壯遊五臺山禮文殊師感妙德現瑞相自慶與菩薩有緣願爲衆僧執爨三年寺僧鄙之師流涕嗟嘆有父老曰子緣不在此行矣逢隨即止遇湖即住師南邁以寶歷二年秋九月抵隨州遠望高峯問鄉人曰何山也鄉人曰太湖山也師黙契前語尋山轉麓至於湖側屬當亢旱鄉人張武陵具羊

豕將用之以祈於湖龍師見而悲之謂武陵曰雨賜不時固因業感害命濟命重增乃罪可且勿殺少須三日吾爲爾祈武陵亦異人也聞師之言敬信之師即披榛捫石得山之北巖穴泊然晏坐運誠冥禱雷雨大作霽後數日武陵迹而求之師方在定蛛絲羃面號耳控體久之乃覺武陵即施此山爲建精舍以二子給侍左右學徒依嚮遂成法席太和元年五月二十九日師密語龍神曰吾前以身代牲輟汝血食今舍身償汝汝可享吾肉即引利刀斷左膝復截右膝門人奔持其刀膝不

克斷白夜流出儼然入滅張氏二子立觀而化山南東道奏上其狀文宗嘉之賜所居額爲幽濟禪院晉天福中改爲奇峯寺本朝元豐元年又改爲靈峯寺皆以禱祈獲應也自師滅至今三百餘歲而漢廣汝潰之間十數州之民尊嚴奉事如赴約束金帛粒米相尾於道貨强法弱僧範乃革前此山峯高峻堂殿樓閣依山製形前後不倫向背靡序報恩之至也熟閱形勝闢途南入以正賓主鑱崖壍㵎鏟巇補砌嵯峨萬仞化爲平坦三門堂殿翼舒純直通廊大廡疏戶四達淨侶雲集譌爲

叢林峩嵋之寶燈瑞相清涼之金橋圓光他方詭觀異境同現方其廢故而興新也律之徒懷土而呦呦會于謫爲郡守嘗合禪律於庭舉彼甲乙十方之説以詰之因得悉其山之形勝與其寺之沿革如此爰記梗概俾勒諸貞珉時崇寧元年之上元日也

元

鄧文原 將仕郎知制誥兼國史館編修

大洪山崇寧萬壽禪寺重建寺記

漢東之國隨爲大環隨皆山以大洪爲宗唐寶歷間慈

忍太師來自五臺憇息於此民感其德奉以精舍而道場由是盛焉曩罹兵燹樓殿化爲灰礫山回嘉運又必假人而興開山第一代了庵禪師諱宗明江東上饒鄉氏子志慕空術依蘄州多雲山廣化寺師事長老文仙薙髮受具慕道先哲遍遊名刹初至漢東卓庵於靈濟故趾棲身荆榛之中與猿狖爲侶屬歲大旱一方之民拾橡而食請禱於師師憫羣望以禪定力默祓池龍雨亦隨至滂沛沾溉歲大有秋數年之間民歌屢豐議營棟宇荅師之庥由是翼翼飛甍渠渠夏屋巍然煥然照

映林谷雄偉壯麗聳動觀瞻至於別龕炊香桐魚唄粥檀度絡繹而供給焉至元二十五年春知隨州傅君安國欽師之德偕其徒宗才至京師謁大司徒白與寺之由獲覲天顏對誦大般若經頌降聖旨獎勵興修之志師於元貞元年六月二十七日溘然而逝度徒弟五百餘人今住持宗上乃徒衆之上首志堅行潔服勤衆務凡師之未了者宗上悉能了之丈室雲堂阿羅漢閣期於大備而後已吁豈天地萬物之數有時而盡必待乎人之修舉耶抑山川之靈思革其故而謀其新耶不可

得而知也昔靈濟以禱雨濟旱致興兹剎今了庵復以禱雨利民而興兹剎歷時雖遠皆出於深重願力然後成覩昔時之豪家富宅畫棟朱簷一旦時移勢去蕩然無遺欲如是之廢而更新者幾希蓋由願力不侔耳故系之以辭辭曰至人不作作必有則立教垂教惟一真實以真實故能集其成正法眼藏愈久愈明震旦之區寶坊星布象設尊嚴大張治具隨之西南山曰大洪靈濟道場天書屢封後數百年了庵出焉卓錫伏龍甘雨沛然境民蒙福結構禪栖美奂美輪雲繞璇題翳大司

徒法門砥柱以大願力煥吾鐘鼓冉冉緇雲朝經慕禪克昌道運永壽堯天洪山崇崇湖水溶溶磨石紀功與山始終

黄　溍字晉卿義烏人翰林侍講學士參知政事謚文獻

## 大洪山崇寧萬壽寺記

鄂之城東有佛刹曰大洪山萬壽禪寺此黄鵠山也而謂之大洪山者蓋大洪隨之名山自隨而鄂自鄂而許地雖異而號名不殊示有所本云爾鄂今爲武昌山距城十里而近北枕江漢南帶湖湘東届壽昌西瞰樊水

層巒疊巘交拱互攝西接城闉民堵萬區前臨通逵而市聲邈不相及山之巔有岳忠武王手植巨松斗牛亭仙人石鼓崖尤爲奇偉地位峻絶風物清閒寺特據其最勝處遡其所自出推靈濟慈忍爲初祖大師諱善信以廣德二年四月六日下生於洪州南昌王氏受度於本州開元寺比邱清照而契心印於馬祖道一禪宗北遊五臺感妙德現瑞相發願爲衆僧執爨三年僧力御之大師涕泣不已有父老告之曰汝緣在南方衆不汝容盍行矣乎逢隨卽止遇洪卽住大師遂挈錫南還以

寶歷三年秋抵隨州賭一山巋然問於逆旅主人曰此爲何山答曰大洪山大師思老父語則延緣而入至於山麓諸水所委滙爲重湖神龍居焉旱乾水溢有禱輒應時久不雨鄉人張武陵具羊豕將以致禱大師見而悲之謂武陵曰雨暘不時本由業感害生自利徒增汝罪且勿殺吾爲汝祈約以三日必雨武陵聽之大師採幽履險得山之北崖泊然晏坐運誠默禱及期雷雨大作雨既霑足而止武陵求大師於崖中大師時猶在定蛛絲羃面附耳而號揑體而告久之方覺武陵遂施此

山爲建精舍太和元年五月二十九日大師寄語於龍神曰吾前許以身代牲輟汝血食今舍身餇汝汝可餇吾肉郎引刀斷左右足白液滂流儼然入滅雙足留鎮山門肉色久而不變四衆哀慕稱之曰佛足有司以聞於朝賜號慈忍額院幽濟後以祈禱屢有奇驗累加大士號曰靈濟其佐神一十有二封爵自王而公而侯等差不同皆天下知名之神威靈烜赫被於四方此隨之洪山也宋末隨數被兵洪山又當要害爲南北必爭之地邊境之民既多流散叢林之下亦無以安其居京湖

制置使孟公珙隨人也與都統張公順謀遷其衆適於樂郊乃度地茲山請雲庵與自隨州捧佛足及累朝所被誥勑徙寺額僑置焉仍奏請賜今名曰崇寧萬壽禪與爲之開山此則鄂之洪山也與之後無諍須則翁實繼之世祖在潛邸帥師南伐駐蹕鄂之元興寺進見茲山之頂有神人立於雲端詢之爲大師化迹所遇深加歎異暨班師實因函佛足扈從至京師特命安置於禁寺而嚴奉之上旣正位宸居有旨遣使偕實護送還山道出許州佛足重莫能舉使者歸奏詔即其地建寺此

又許之洪山也鄂經摧陷之餘實又去不返呂公文德制置京湖請無聚主之而寺復興繼之者緣庵遇建靈濟墖增置庵院土田而玉崖潤無邊詠竹谿禧又繼之寺以災燬禧方謀起其廢俄委順而化至順二年今住持華公實來毅然以興復自任積衣鉢之餘資求良材於江上造大栰以歸顧舊址局於地勢隘陋褊廹位置不皆合規式乃夾崇岡堙巨壑累石爲基使就顯敞首創大佛寶殿神宇之制悉擬於京師列刹而華餙有加爲兩廡山閣之上爲萬佛閣演法栖僧有堂輪藏及祖

師公王有殿天書有閣而鐘樓經堂丈室蒙堂無不畢備始作於元統二年某月訖功於至正某年某月費錢總若干萬出於華公者一萬出於耆舊宗森者二萬餘皆出於衆施及經營之資財金碧髹彤輝映林谷宏模偉觀人天具瞻故三大洪山法席之盛武昌其一也華不遠數千里而來徵文以記之滔竊思三千世界一一須彌無來無去非彼非此山未有寺法界宛然寺之既遷依然故處增減成壞之相了不可得豈世俗文筆所能記乎若法身示現有如幻景作利益事應化之迹亦

有可得而言者庸次第本末俾歸而刻諸石華別號枯木嗣法於靈隱悅堂誾禪師云此記武昌洪山也附錄於此見洪山有三皆因隨之洪山得名

明

胡濙見前

大洪山萬壽禪寺重開山記

有長老別號徹宗先於洪熙乙巳秋登隨陽大洪山見其林木蓊葱崔嵬拂漢靈迹非常是以留心駐節隱謐迺正統十年又至金臺時蒙勅建大功德住持僧雨庵

禪師見其戒行老成遂請充其後板予初未見其人也一日予居金臺雨庵延予於功德方丈茶話間託得永樂之初因公幹至隨州嘗躡大洪披閱前代舊碑始知此山初創之由唐靈濟大師自五臺至此開化宏宗功莫尚矣宋時丞相張天覺曾有賦記問雨庵曾陟此山否渠悚息答曰無緣未得造謁近日堂中後板向曾久處斯山遂請見之問其端倪與昔日所讀碑記無訛予覩長老之丰姿磊落規模恬靜可爲軌範也遂舉之榮膺僧錄司並檄還洪山住持領衆焚修令遣其徒宗滿

特請南宫請予序其山並其師重修梵刹之始末因不辭而爲之叙長老諱通賢少室單傳元紹於金陵月溪澄禪師云

俞釗　莆田人

温泉記　泉在洪山西北十餘里

隨陽西行百餘里許有地名曰梅坵高山崒嵂星拱雲矗綺綰繡錯林霞鳧霧嶺嵐含輝自崖谷委折而來溶溶然有泉出焉不爇而熱不焫而温滋渟洄流注於一窪卉荒蓁翳傾亞鈌圮宏治戊午春正月隨州太守李

侯循行阡陌道經梅邱顧瞻形勝見而奇之命鄉民趙信等除繁木芟粤草而得温泉之脈規畫度量湫一小池廣八尺深二丈引泉瀠而注之以爲洗塵之所池之上搆一小亭覆之扁曰温泉亭泉之前又搆屋三間以屏障之扁曰温泉居者耽於斯行者息於斯造化奇効至是始顯嗚呼地不自美因人而彰魯城沂水會稽蘭亭不遇其人則勝迹湮鬱徒貽林澗之羞然則是亭之設豈專水泉之適歟抑直川原之勝歟殆天假之奇遇或者因其細而知其大也李侯名充嗣字士修西蜀內

江人登宏治丁未進士第惠澤洽於下政績聞於上修學宫立禱祠搆洗心亭鑿夜光池有功於隨多矣此特其一事耳因書以記時是歲孟秋也

顧璘見前

萬壽寺重置山門并請藏經記

佛氏之教以真空爲體故反之於身遠至山河大地近及心意視聽皆指爲根塵屏之必盡以惠濟爲用故推之於物非唯衆生苦難捐身救度雖屋廬器什咸不忍其敗壞而不備然後其道圓通徧滿不墮於一方是以

其徒號體曰禪則虛空清淨無爲以爲高指用曰律則整齊周徧有爲以爲實二者常並行而相資也隨州大洪山萬壽寺開山於唐慈忍大師其書傳皆云師行業精純紹馬祖心法歷唐晉宋元以至我明建號不一今稱萬壽寺前後廢興屢矣莫不以遇變而替得人而昌元季兵亂至洪熙間得通賢徹公開山建殿閣置經藏法教一新宏治間復燬於火得宗節璉曇募化衆施搆堂宇飾法像復爲大振歲久又壞嘉靖以來住持宗然遊方而還顧見興感乃解橐金造天王殿及丈室儀觀

偉然紹滿又置五大部經繪諸佛像則梵設備矣辛丑余銜命承天恭造獻皇帝顯陵聞大洪乃楚郢名山於是偕太監內官袁亨傅林神宮監劉永監察御史朱公篪問途陟險登峯頂而周覽之巍峩峭絶俯視漢郢洵此邦之勝地也自是官僚人士來觀接迹僧衆讚歎以爲昔所未有是以良士頌美富人捐資遂成勝緣邃其山門崇其石坦建藏經閣印貯大藏經一部凡若干卷又作亭樹碑紀所建置以示來許有古淵者走數千里來乞余文值余多故不克搦管留經年不去請益懇欵

爲刼冗忍煩書其大都夫佛無心之極何有於作業文何有於垂名乎創造之事文字之傳固其所不屑也惟其達之惠濟無不周徧故必使物物並成人人皆善而後能廣其大用此佛之道也夫豈若聲聞之行妄於小乘已哉是知合禪與律兼修之乃不病於佛余故樂道諸佛之勞勤以著梵教之全貴如此云

鄧林喬 見前

## 遊洪山記

古之鎮臣經畧使者皆得省方觀民不遺遐僻不擇嶮

崎之處隨所駐而深山窮谷之㟂穴居崖處之士皆得以所欲惡告故民無伏情政多理道妍慝不作郊坰廊清蓋以幽隱達而聚施當先得其所以制之者耳隨州爲荆西僻郡洪山又距隨百里外雖爲經郢荒徑而蕪莽葳蕤人罕由之故民間久不得覩行部之節負野倚曠疆者逸志鬱者抱幽郁民牧不知也今年春中丞趙公以巡撫屬地問民疾苦凡遠近下邑往不親歷喬同分守王公得從事焉甫竣隨務乃取道過郢因經洪山之便得登其巔遊其寺頗盡覽方之義嗚呼中丞公豈

專登臨哉故度控制之遼遠則思分置邑郡覩山川之深險則思整束鄉壘見布穀之民則思有秋可勵感登麥之農則思不足可給民無勞止情以紓遠凡遊林壽朽之夫罔不欣欣樂以相告若夫高齋鐘鼎金光法筵雲擁二龍窟霧鎖千仞頂中丞公顧怡然而覽亦怡然而適也豈專登臨哉余因索前此名公遊茲山者曾無幾人開建自唐太和中宋則丞相張天覺國朝吳陵胡忠安公姑蘇顧東橋公及余邑少保李康和公皆至其地嗟乎坐鎮者重高牙大纛之行部曲者畧邸民休戚

之計于因慨茲行可爲經畧式也故書之以識歲月

田見龍 隨州人崇禎元年進士歷任秀水泰興知縣行取戸部主事

重建大洪山頂楚山望剎碑記

大洪山爲隨西巨鎮界於郢復嶽峙而空全楚巍然大觀也古爲靈濟道場號錫慈忍寺額幽濟蓋於唐肇盛焉嗣是遞崇剎舍若所額萬壽奇峯靈峯者凡幾更易繄我皇明天順元年因羅奇厄遂漸頹廢敝殿數椽不蔽雨佛祖諸像皆窺天露頂即有尋幽覽勝者躡蹻而至亦無以爲栖息祗令人吊遺址傷刼灰者萬歷四十

一年蜀僧廣祥號瑞峯者偕弟廣吉步自五臺掛錫於茲誅茅爲宇相與持戒規習苦行遠近人欽其靜定愛其嗇守進曰與其爲一身攝持不若爲茲山砥柱若冠山爲寺使鐘鼓有靈皈依可據一恢唐宋之懿規二師之功詎不偉與瑞峯唯唯遂募鄖鄖諸檀越運糧鳩工考木聚材創修大佛殿祖師殿山門鐘鼓樓護法伽藍左右丈室俱次第有庋第在昔也勅帑之逸易於觀成今也募金之煩難於經始故是役興於崇禎辛未仲春落成於甲戌季夏仍額其寺曰楚山望刹蓋功十倍則

費亦十倍雖羣力之所趨實佛力之所相也於以幹天
造扶地靈上以護國下以庇民知安隆於唐宋不復都
於我朝哉是在後人之自勉而已爰誌其興作之由以
垂不朽云

國朝

盧自超鍾祥人

大洪山頂重修祖師殿碑記

漢東大洪山嶽峙鄖郢之間湖波湧巘峯巒障空洵遂
古無上勝地也以故靈濟大師自五臺卓錫兹峰歷千

百餘載屢葉封號縷載誌碣其法嗣自雲庵以逮徹宗皆淵源相衍不墜宗風焉明中葉遭奇厄梵宇爲墟有蜀僧瑞峯自五臺至此毅然興復揭日月於中天振鐘鼓於再造詎不紹開大道哉無如圜通之後風雨漂搖又復傾圮卓起之嗣有大暉者三乘五衍洞悉靡遺深慨古殿鋳隘山門危圮欲爲重修求之宰官長者十方信善無如比歲不登福助僅半師奮然曰願力缺陷伊誰之咎遽竭鉢衣之力勉爲落成善哉師之願滿師之心亦良苦矣師諱惠洪號大暉隨之漬山鄉落湖材長

岡店鄧氏子爲瑞峯禪師嫡嗣云

賀運清 進士官興泉兵備道

萬壽寺重建功德碑記

名山三百支山三千必推崇五岳者惟其靈也其所謂靈者旱可霖潦可蘓疫可祓兵可弭也非是即閬苑壯麗亦等諸蜃樓海市無當於實用耳楚有大洪山界隨郢之交列峯競秀三池効靈不惟出雲降雨澤被生民當夫世遭陽九尤能護生靈於兵火流離之際跡其神靈固當與五岳並峙不朽自唐慈忍師肇造梵宇由宋

元明以迄今兹雖興替不一而紺宇琳宫四方仰望刹焉明季叠遭兵火漸就傾頹其待重建也久矣國初有體忍禪師者世郢名家因母罹難卒於非命思所以報罔極惟有薰修出家於大洪山寺既而徧參方外宗説精通歸後見其寺老僧殘瓦礫興悲於是修舉廢墜時余同年高君雲旂適守德安與師敦契首倡樂助隨侯劉公亦欣爲護法遠近之宰官居士罔不破慳囊成雖歲祲路崎而艱難中所構紺殿嵯峨三門壯麗鐘鼓有樓西方有閣厨庫丈寮梵設大備至於崇像端嚴擬乎

前式驟覩者駭其時危費廣蹊險木鉅疑有神輸鬼運之術而不知此山之靈與師開山之靈兩相聯躍所至也師又於暇日蒐輯唐宋古蹟筆削成志余深嘉能續明滅之祖燈而光大於無窮也爰爲之記而系之以銘

銘曰崚嶒在巔焜燿在足逹磨隻履圖澄臟浴于已則損于世則篤五香花滿峰珠鑑玉湫深而窍洞矗而曲元黃不戰霖雨滂沃殹氛遠遁光華旦旭時維鼎新梵設駭日宗風未墜以似以續歷千萬載山高水綠

高　烔字肇文里人康熙時文學

## 大洪山五雲坡修路碑記

大洪之陰由山趾直達絶頂危峰竦戟鳥道凌空攲仄如棧左壁立右巨壑稍失足輒墮萬丈巖谷登探者難之里人某某入山禮佛與僧谷應茶話及此因訂修路約尋捐貲若干四方聞而義之各灑然布金以助雍正七年甲子鳩工伊始爰火林莽鑿山成地劈礐作路鞭頑塊化磽确凸者斧凹者砥陡峻者紆之不數日而石工告成計所修路凡二十里許石磴幾十幾級遂碑焉並勸其名使後之履坦道者知所由始

高　翔　原名仁字長人洪山東莊人康熙時庠生

錦繡峯重修三聖庵碑記

大洪之西有小峯焉名曰錦繡巖巒參差林木蒼翠蓊鬱朝煙如開圖畫山阿古刹數層歷落不一父老相傳昔有三聖祖師卓錫於兹宏建道場自唐宋至今歷年久矣向因無人修理以致琳宫紺殿頹敗凄凉喻君淯西目擊心傷訪大洪山僧曰聞與其徒孫鍾倫道行純固戒律精嚴延爲住持既至毅然以煥新自任遂竭鉢貲以次重修募化不及於十方功德惟出於一己易陛

地爲頁田改廢寺爲精舍佛殿後又作觀音閣於臺上不數載而兩廊告成或以軒名或以齋名樓閣凌霄法像莊嚴雖三聖之靈爽式憑實自開祖若孫願力之所致也非特爲錦繡生色亦且爲三聖增光矣喻君因屬余爲記勒諸石以垂不朽云時雍正十二年仲秋月也

朱奇生 字亦人隨州人拔貢生

## 光霽堂記

士之有道者必全乎天天全而人不能累而襟期灑落可無入而不得求之先儒惟濂溪周子有焉周子倡道

東南爲諸儒稱首爲理學開先其精意微言具於太極圖説程子繼起益昌厥緒山谷光風霽月之評誠非過許今周子烈山遠宗濂溪家學淵源益有道者名其堂曰光霽屬余爲記余不獲辭竊惟天道無私化育流行凝之爲霜雪潤之爲雨露鼓之爲雷霆而中和純粹之氣則散之爲光風霽月人苟心無所累以全乎在我之天則襟期洒落窈如穆如皎如皓如其沖和純粹之氣亦與天爲一矣今周子卜築於洪麓茂林菁嶼間堂以内牙籤萬軸堂以外郊莊歷落烟火依稀吾知其氣舒

神恬浩浩落落無囂淩掩暧之氣時而操縵安絃以陶其性時而恬吟容咏以寫其情賓朋列坐布奕傳觴賡酬笑謔以適其趣豈非全乎天不累乎人者耶獨怪世人日馳騁眩騖於利欲之途紛囂叢垢乖戾險至於淆亂白黝浚妍窮黠外良而中螫方且宋甫魯掖周規折矩貌爲有道之士是則棄天褻天如風之爲暴爲霾月之爲缺爲晦爲蝕烏覩其光霽者哉周子天全而人不能累其氣和暢和暢者光風之所發也其神皎潔皎潔者霽月之所形也昔以贊夫濂溪今以移贈烈山其

家學之淵源不誠後先相望哉今而後登斯堂者受其拔拂仰其明淨亦得以吟風弄月以歸矣是不可無記

高　銓見前

## 九日遊靈濟巖記

遊之有記所以記遊也顧所遊或非其地所與遊或非其人與其時舉無足記者若時當令節相偕同人尋幽選勝極登臨之致與望古遥集之思是又不可無記靈濟巖者相傳爲慈忍尊者入定處巖畔石磴二十餘級廣僅容趾左倚峭石右臨懸崖遊者率多望而却步石

磴盡處乃得平地徑二三丈許周遭石壁如垣旁通石門門內石洞軒豁平廣與外稱巖下帶清溪循溪而上復得隱洞幽杳深邃莫可端倪時九日赴弟木齋及從遊諸子登高之約寻與木齋畏險不敢登乃扶筇循曲徑繞出巖上積雨初霽遥望洪麓山光淨膩而薄雲如絮宿其巔俯視平疇千畝繡壤交錯邨落間炊烟出屋老樹拂墻間紫凝蒼丹楓黄葉秋容爛熳若繪停立經時而諸子乃窮幽探奇前後畢集各憩石小坐相與掇枯枝敗葉煮酒烹茗高談轉清觴行無算乃分韻而賦

日將入始興盡而返時同遊分韻者十六人而未詣者不與以其地之勝與其興之適也因爲之記時嘉慶之十十四年也

郝師亶 見前

洪山記

洪山在漢東隨郢之交凌跨數郡西來數里一峯與低昂名懸鉤山洪自有三峯北峯巨石崖虛懸千仞之谷三峯中清池抱僧厨去數百步日蓮華翳塞無水山陰之水窈然而黑旱禱於此巇嶮險仄往往流泉四溢而

西峯下汪洋波影涵空神龍怪物挾雷電而隱見則白龍池呼吸震動登而四望極襄郢周鄖鄂山巒莊阪之糾錯了若列眉每夕照回耀襄江在天際如匹練山光林影搖漾其中州志所謂洪山返照者也南下爲太湖已涸惟白龍池東流下成澗古石虬松鬱然雲蘿間兩畔危崖對出怒若生龍之鬥石壁如剪齊兩壁將盡大石樹其衝水沿兩壁夾大石出人傳古有龍據此口湖水南落今其處謂之落湖邨西接白龍池數里遥當日波流浩浩可想見也循山頂而東有大石柽縱橫偃積

巖壁上刻宣和六年淮南六字山顯於唐宋之際郡守張天覺舊有記靖康亂土人避居其上元明間巨寇老馬劉聚衆據險而洪山爲兵燹之燼往時寺僧濬蓮花池得鉄羅漢不知何時所淹棄居人往往逢刀劍敗甲胄之屬山多薯蕷蠶余客數月嘗食之峯上有雲氣噓拂室牖間盛夏如春寒花竹木不生稍下則林樹蓊蔚時聞異香有不可名狀者矣磬石竹瓔珞杉皆在太湖中余生長隨居洪麓又嘗久客其上然隨非吾鄉恐一旦遷徙去而無以爲洪憶念焉故綜其所聞見者著於

篇時乾隆丁酉十一月十四日也

## 瀑平巖硯石記

巖在洪山南以瀑名或曰古嘗於此駐兵謂之步兵巖也自洪山南下澗口纔通一綫白龍池水潺潺流十里許曰茶棚去茶棚一里石嶂崖峩數百仞南迤巖稜懸垂所謂硯巖者也樹叢翳旁突中虛若鑪鑪際四時水濡漬陰雨則巨瀑懸流數十仞濺珠噴沫聲若雷霆下激石磯以入於溪溪邊巨石蹲踞奇崛百狀涵瀑之潤蘊溪之秀琢於巖半爲精石焉硯人云乎始爲此緣溪

稍上傍石去土土盡石壁四畔斧鑿痕齒齒中空坦廣數丈深數尺底石皆堅不可治古所遺殘璞椎琢未半而棄者亦不復可理乃棄去得新石石色紫瑩純駁不一今所攜者是也取已數年矣去年秋循新坑上壤土浮黑刻數尺則坦夷如向所棄處更深廣若四五畝石田有敗斧鑿拾之應手碎無鐵性棄石多規硯形如瓦如磚如龜如竹圓如月方如珪收數種藏之家以爲式積土中多腐雜木有大數尺圍者未知此與下巖何年鑿也取石之法或鑿璞或渾淪層拆之周一二里間亦

有他石可取，然不若此石之精予間而異之自見此石數十年未知其歷歷有此遺跡兩舊坑必非一朝代所開蓋石爲世用久矣山川靈氣蓄必洩洩之有時積中發外不可掩如此此寍獨此巖也哉硯人又云予父始業此父見時已聞長老言巖有此石將世其業恐石有盡不能備世用也請爲記遂記之硯人何其姓居巖下三世矣時嘉慶壬戌九月七日也

郝　謙　見前

## 黑虎埡古驛記

長岡店離州治百二十里北之樊鄧南通漢沔自佛二嶺西入郊郢則荒墩廢堞相望不絕蓋前明謁顯陵者之所經也山路迂曲層疊而黑虎埡實扼其要行者莫能外焉地連山相屬忽焉中斷以通人行東爲東莊畈西爲中治畈皆良田沃野清泉四溢循埡左右湞水均水分派於此水經注所謂湞水均水皆源於大洪山者也昔乾隆五十一年予爲童子初學騎馬從先君讀書於師古埝高氏書塾時時經過此地兩畔青松夾路延袤數里微風激動颯颯如驚濤急雨從空而至或聞異

鳥野獸之聲則怵怵心懼欲從馬上墮從者挾持慰安乃止曾幾何時而一望童然惟餘禾黍之油油而已蓋四十餘年間風景之異有如此者然則人之自少而壯自壯而老亦足感也又況平生所接耆舊老成與夫交遊親故之生死存亡於其際者其爲可感又何如也埏之徑無歲不經乎此茲其有感也故爲之記時道光之六年也

## 珍珠泉記

溪水自洪山南來環山而左以遇於長岡之市山上老

屋數楹以祀衡岳之神所謂南嶽廟者也從山南麓抵溪左右地里許淪之無非泉者其噴溢爲人用者四其尤異者莫如東池之泉地當孔道大可徑五六十步泉從池底涌出細珠萬顆絡繹上浮斷續離聚倏然幻化蘋藻牽曳其旁游魚唼呷其下曉日斜陽相爲掩映色瑩濃碧杳難名狀每遇騷人逸士臨流玩賞初遊惝然或聞笑語及吟嘯之聲則溢涌搖曳有如喜躍此泉從古無名之者予與友人游覽始見而異之而命之以名因爲之記且以賀此泉之始以珍珠名也

高鐸見前

## 重修靈峰禪院記

從來大澤名山有益於民者皆秩而祀之故五岳祀三公四瀆祀諸侯典至渥也大洪山爲漢東巨鎮其下有太湖故亦名太湖山出雲降雨利益民生者甚多而唐靈濟祖師於兹建道場焉師本洪州開元寺高僧北遊五臺長老知非常人授之偈語南還謂其緣在南方也自寶歷二年抵隨時值歲旱爲鄉人張武陵祈雨有驗武陵感其德遂施此山爲建精舍命二子給侍後皆證

道山東道以其靈異奏聞於朝文宗嘉之賜號幽濟真宗歷宋元明勅建非一興廢靡定明天順元年因羅奇厄僅存師像迨萬歷四十一年蜀僧廣吉祥亦自五臺挈錫而來結茅爲宇靜修三載本境紳耆燮其誠懇遂請於府州募貲重修時崇禎辛未歲也至甲戌落成後二僧振錫而去廣祥有徒曰太輝卽山下鄧氏子性慕空衛帶產祝髮由十畝疊創至數百畝糧租田數俱載碑碣繼大暉者曰燈傳曰燈喜曰燈恒由此遂分三支輪流收租百餘年來有餘則歸私橐此廟宇之所以易圮

也院衆屢欲合家修理董率無人領袖爲難嘉慶十八年甲戌寺僧西教自南海反錫大洪妙合衆志忻然贊成而方丈覺高號白雲者毅然舍私從公廣培福地請憑紳士喻長青等立券合家衆皆悅從對佛矢願白雲復約余與羅公理謁州牧鄭公請示募建經始於丙子訖於丙戌計所修大殿及兩廊山門水陸殿共四十餘間又裝飾佛祖諸像塑阿羅漢由是儀觀肅然廟貌一新雖人謀之藏何莫非佛祖之默相與抑亦可見天下事之廢於獨立而成於協心矣聞之山不在高有仙則

各水不在深有龍則靈矩以洪山之高太湖之深仙與靈固其所宜有也土人每逢旱災或請水於湖或斷經於室有禱輒應及期而雨則以洪山之靈屬之祖師謂祖師之靈即洪山之靈無不可也此其所以久歷刧運而亭祀不墜歟功既竣白雲祈余爲記余以山之勝蹟載在前志者不必縷陳謹誌其興作之由與其年月於碑以垂不朽云

程大中 字拳時乾隆時進士應城人

## 隨郢行記

客有談洪山之勝者思裹糧爲遊計以有郢中之役未決筮之得隨客曰從筮必也其隨州乎洪隨鄙也郢鄙隨子遂可假道於隨以達於郢耐菴王司馬達人也屬與我論近詩在隨余君元亭從焉兼可問訊白蘋明日詩漢東道一騎一僕從出郭行四十里經安陸安陸居民多種竹竹隙卒雜野花高枝橫出牆外夾徑路間可騎而折也田方苗覗苗半婦女男子傳鼓踏歌行隴澮

聞女婦從役出曼聲尾之其詞爲黄花葉落調似樂府爲樂府詩一章次日大應山過平林値眉沽見舞劍罷跌踢徘究想見新市人義氣餘慷取酒立飲久之乃去至隨妙灘休焉灘野店村見率五日一習句讀先生授徒必以夕是夕先生至延入上坐羣兒却立受書坐閒無不頃耳注目出酒果爲壽村嫗皆從牖上觀至夜分少歇而予已三易榻矣侵晨去抵州啓王司馬時司馬方訂所爲復遠堂詩聞予且至喜遽相見余急呼元亭出元亭並呼白蒓則已先我至十日矣明日 集夜光池

司馬以下五人皆有詩明日遊舜井白蘋元亭初不識路一隸曁余僕爲導井距城里許貌甚古水瀦濁不適綆汲覆以亭檐瓦汲汲欲落白蘋緣石欄行寺附白蘋衣元亭郊立隸向余稱舜王天子遮井所以寺僕朗朗誦壁間詩且讚且嘆聞白蘋旋與隸辨舜王字謬蓋人苟有區區之見與聞者雖奴隸下人不自聊抑如此而是井也頹然棄壞耳事蹟之有無卽又不可知徒以爲舜雖在奴隸下人皆感動形見於辭色之間嗚乎可以思其故已次文昌樓州多山樓所向空濶可遠眺隨人

好題咏欄檻櫺壁皆滿白蕤欲尋無字處倚立不可得遂下次西寺食茶返夜秉月坐桐陰軒更再闌司馬送酒至稜元亭欄前對飲達曉乃止于是往洪山矣微雨白蕤有難色洪山在隨南境外間云南偏山荒至山荒者虎也予僕堅不肯往問西南道郢孰近曰西偏近有山否皆曰有曰山而可已何必南偏哉然余實以洪山來白蕤諸君子足跡皆數千里非不好遊者而卒以不果是故人之於行止之數舉可知也明日辭去西行二十里騾熱遂宿次早過安居市遇故人留飲席間望見

諸峯矗起嵐光掩映欣然欲往主人指曰此乃角山也適郢必經此即釋杯去將至山麓遇族人子隆方牧鷹歸言儆居隱有年矣邀至其家家在兩山複道間徑口甚小曲折行二里許無復外間一物聞雞聲知有人居然卒古木蔭蔽左竹右稚栗千株不得路隆從間道引入始達居宅宅首曠然平地數十畝可佃可漁予易衣拜隆母母出答拜視予如異人問山外事隨具食擕酒就樹下飲下酒肴鷹所得不復辨識意欲留僕促之始行隆送出徑口返時日已暝釋騎至半山聞下山人談

虎僕色動遽先余舉足促急約十數步必一回顧再呼主人呼訖竟亦無語余心知其懼虎也以他辭亂之月中抵雲蓋寺寺僧尚未歸餉茗宿于西廊忽一人持鉢向外執客禮問之則洪山僧也邀對余榻爲余言洪山狀甚悉少就枕寺已晨鐘起過二十四岫岫皆盤曲沿岫栗花盛開如絮如雪花間小鳥狀類乾鵲聲清軟可愛然性善驚貿響輒動僕猶以爲虎也再十餘里出山飰茅店次沙河次信陽店路盡平直可騎薄暮至界山山界隨郢間兩壁峭立亘十里中一澗直下清淺可

鑑路在澗邊甚古杞竹交橫如蓋暑氣不得入必開月出益清冷搴枝視左右山壁皆白若泛舟行積雪中樹影則秋兼寒荻之紛披而照水也念白蘋元亭不偶無與言者顧語僕遽失所在呼聲從澗外出則僕已投宿山舍立小橋竢予初不知此間尚有居人明日緣澗過山脊聞郢中田歌歷歷數十里不絶其調曰噍聲子一曰楊歌其別爲三聲子五聲子甚可聽然聲悲哀視安陸人所爲黃花葉落悵然有土風之感云晚過純德山經明興獻陵宿陵邊野寺寺僧爲予言此洪山之支

也蓋盤礴幾百里而至於郢明日抵郢城拳子曰余之含洪山而西也可謂不聊矣而所得於耳目之間者輒復有異向使裹糧而遊其地有以過乎此耶遊之勝者必有良朋友强元亭白蘋不得區區一僕乃至畏虎乎之懦而不習於險必矣人之氣類相召何其甚也雖然此僕亦烏可少哉

## 碑銘

### 宋

范域　承議郎

### 大洪山十方崇寧保壽禪院第一代住持恩禪師塔銘

昔曹溪付法於青原實爲嫡嗣五傳而有洞山价又傳而有曹山寂由是曹洞一宗如懸日月其道尤孤高峻潔自昔嘗難其人至大陽明安禪師寧其中絶不輕印可乃以衣履屬浮山圓鑑晚得投子青禪師而後付之

世俗謂青非親授不知聖無先後以契爲傳其所從來若執券相質貫珠相承蓋有冥會非偶然者投子元復振斯道而異人間出大洪禪師乃其法嗣也師諱報恩其先衛州黎陽劉氏世以武進家喜事佛其母牛氏初禱子夢佛指所謂阿羅漢者畀之既娠生師果有殊相嘗有異僧見而撫之曰我輩人也熙寧九年未冠舉方畧擢第調官北都忽喟然歎曰是區區者何足以了此生願謝簪紱求出世法有司以聞詔詰其故師云臣祖死王事顧無以報厚恩惟有薰修之功庶幾幽冥之助

制曰可師先名欽憲神宗皇帝親灑宸翰改賜今諱於是就禮北都福壽寺僧智深爲祝髮師既受具戒遊歷諸方謙約退靜槁然山澤人也聞青禪師之道而説之乃往依焉青識其法器師一日凌晨入室青問云天明未師曰明矣青云明則捲簾師從之頓爾開悟心地洞然而以取得白青青韙之留侍巾匜頗有年數又從圜通圓照二禪師遊二公甚器異之丞相韓公尹河南延師住持嵩山少林寺席未煖紹聖元年詔改隨州大洪山律寺爲禪院入謂大洪基構甚大而蕪廢已久非有

道德服人不可興起部使者奏請師住持已而丞相范公守隨復左右之師普施法雨遠邇悅服於是富者薦貨貧者獻力闢荆榛遂藋之場爲像設堂皇化豺狼狐狸之區爲鐘魚梵唄而又以其餘建戒壇掩枯骴更定禪儀大新軌範由是大洪精舍壯觀天下禪林矣崇寧三年有詔命師住東京法雲禪寺從駙馬都尉張公請也五年再奏還師於舊固辭弗獲復坐道場凡前日之未遑暇者咸彌綸而成就焉師勤誨勵晨夕不倦緇徒輻輳幾三百人既遐振宗風而自持戒嚴甚終身壞衣

不加飾張公嘗奏賜紫方袍卒盤辟不敢當故權貴欲以師號言者皆無復措意矣政和元年六月初一日示疾七月十四日僧問師久演眞諦寘垂一言師目視之又問師將生西方否師曰超方者委之問畢竟生耶死耶師曰間不容髮言訖趺坐而逝留三日儀相如生咸至瞻禮罔不讚歎二十五日葬於南塔院師異時欲築室退居之所也俗壽五十四僧臘三十二度弟子宗言等一百三十一人嗣法出世者慶旦等一十三人有語錄三卷集曹洞宗派錄三卷授菩提心戒文一卷落髮

受戒儀文一卷并傳於世惟佛之道未嘗有起滅興衰也然必付之豪傑之士然後足以發明秘典津梁後來苟非其人道終不顯若師以絶俗之姿薄功名富貴而不爲振衣塵外高步妙峯使斯人知所歸向名傳天下言立後世嗚呼可謂盛矣銘曰祖提心印惠於後昆曹洞承之與祖同源源深流遠亹亹諸孫惟大洪老爲世導師蟬蛻冠緌昆尼焉依法雷既震闡於九圍寘作司南衆乃弗迷闡教利物爲時一出出没者渠非生滅質其來無迹其去無還光風霽月依舊雲山

王彬朝請郎

第二代楷禪師墖銘

政和八年夏五月乙未芙蓉禪師以偈示衆書遺誡付囑門人沐浴更衣吉祥示寂越三日丁酉荼毘收靈骨秋九月墖藏芙蓉湖後七年住持大洪山慧照慶預禪師師之受業高弟嗣法嫡孫也念湖山遠在海隅奉墖廟之禮常缺喟然歎曰吾昔嘗侍老師住大陽還居此山凡五年天下衲子輻輳雲集不遠千里而來當時升堂入室者散之四方皆續佛慧命爲人天師今住持者

如焦山成大隋璉鹿門燈石門易寶峯照郎其人也昔藏衣曹溪葬履熊耳豈不以恩大難酬示不忘本耶遣其徒宗幾遷致師靈骨建浮圖於大洪之陽冬十一月墖成明年冬彬謁慧照喜謂彬曰吾芙蓉老師法海舟船佛門梁棟三十七年與大地衆生作陰凉機緣在世不獨衲子能言縉紳士大夫咸知之今新墖未銘也敢以爲請彬既仰慕芙蓉之高風又重違慧勤意不獲辭退而銘之云師諱道楷姓崔氏沂州費縣人少學神仙得辟穀術隱伊陽中既久知非究竟乃棄所學游京師

詣述聖院出家禮德暹爲師熙寧六年試經得度明年受具戒游歷諸方徧参知識最後舒州投子山見青禪師一言造妙師資深契青以明安衣履付焉去之鄙山結茅虎穴傍虎爲伏馴探穴取子初無忤也師雖晏坐山林然道價四馳千里嚮風自元豐五年出世至示寂凡七坐道場最初至沂州仙洞山又遷西京乾元招提郢之大陽隨之大洪皆當世元老名公以禮延請後被
詔住東京十方淨因又徙住天寧萬壽皆中使奉命恩
禮兼隆諸方榮之師所至無緇素貴賤皆竝造室内其

來京師諸上卿貴人日夕問訊每與道人處士雜坐師皆一目之師行解相應履踐篤至無明妄想一毫不立故不能矯情順世避人世之患竟坐辭身章師號忤上意得罪居淄州久之上察無他聽其自便復有旨下開封府詔師還其故服師聞之書四句偈遺中貴人王松年云石田焦谷又生芽暮種朝收濟幾家巢父飲牛牛不飲漁翁撥棹又蘆花衆口傳播尹李公孝壽得之察其誠心乃爲敷奏因從其志師始欲遊天台雁宕過故里爲父老留不得去樞密劉公奉世捨俸金買芙蓉湖

田築室延師四方衲子歸之俄成叢林今賜額與化爲先是芙蓉湖水鍾聚瀰漫百餘里師嘗謂若決而歸之川可得良田數千頃常平使者聞其言使邑令詣師受規畫鑿渠疏導悉如師說異時菰蒲皆爲沃壤鄉人德之乃相率捨田於寺歲入既豐又推其餘以與馬鞍山後亦贍百衆師喜營建梵刹見棟宇卑陋則增崇更新規模宏壯疑若基構艱難然人以師故施材助力咸說樂之工役未嘗踰時纔成棄去不回顧也師本田家子爲兒童時父令毆田中飛蝗師捨已田先毆鄰人者詰

之則日損他利已所不忍爲利他之行蓋天性也師壽年七十有六僧臘四十五度弟子九十三人法嗣得骨髓出世者二十九人皆緣法盛行於時而丹霞淳公其後尤大今履顯在大洪禪子至二千清了在長蘆正覺在普照亦至千衆蓋天下三大禪剎曹洞之宗至是大振矣師應接機緣已見語錄及德洪所撰僧寶傳承議郎韓韶臨沂塔舊銘鹿門法燈禪師塔中記載之已詳盡云銘曰諸佛出世爲一大事以心印心莫難承嗣曰在明安得人惟艱正法眼藏託於浮山道未喪世遺言

不墜巽苗猢茂卒如師偈堂堂青公法中之龍針芥投幾復有芙蓉自師承宗曹洞始大亘价不亡凡今宗師鮮克全提不滯空刼則落今時惟師當機正偏予唱木女謳歌石人撫掌荐承明詔七坐道場三十七年爲衆舉揚夢身幻宅誰王誰客不有榮名孰爲罪謫一辭帝闕終於海濱國師塔様分付兒孫漢東沂上十方天壤一切含靈萬古瞻仰

馮　檝　敷文閣直學士瀘南安撫使文安縣開國伯

第三代守遂禪師淨巖和尚塔銘

師諱守遂遂寧府遂溪章氏子也家世儒業奉佛尤篤母初懷姙頗有吉祥既生在襁褓間見僧即喜幼不茹葷酒不隨童戲年十三父母顧之曰此兒終非塵中人迺攜詣本邑南巖院禮僧自慶爲師年二十七得度纔受具即辭師往依講席復徧歷吾蜀諸禪究明己事因緣未契束包南遊初抵玉泉見勤禪師勤器之命副院事歲餘罄囊中所積歸常住惟杖屨叅訪襄漢一時尊宿次依棲大洪開山恩禪師嘗看俱胝豎指因緣一日僧堂前作禮方展坐具忽一小蟲飛墜於地遽拂之隨

及半千次滿七百復修院宇追述先範大闡綱宗自此靈濟廢而復興師住持十有三年叢林不減疇昔紹興丁卯春師示疾誡侍者曰每聞鐘魚方進粥飯過午則不復啜耳示化前一日囑門弟子曰吾將往信住自緣汝等壯年當此佛法陵替各宜勉力辦道至三月四日師問侍者曰今日是幾對曰初四師令備浴水齋罷沐浴更衣歸方丈熟寢至黄昏遽起時知事小師環遶侍立師顧視左右斂容端坐少頃暴風驟作丈室搖振土崩瓦墜衆謂屋摧四散驚出惟副院宗舒疑師長往侍

立不動良久端然示蜕傍有聞龍神殿内鳴指而嘘聲方丈後石崖忽摧山之四圍人望峯頂紅光燦爛皆疑遺火詰旦登山始知師逝於是連宵風雪陡作峯巒變白四衆號慟禽獸哀鳴留三日入龕後七日窆全身於院之陽同先塔之右葬日晴明風和日暖示化之夕郡官夢師訪於公宇茶語之久辭曰老僧去矣次日接遺書駭歎異之師平昔精持毗尼緇毫無玷不服縑纊布衣糲食不執財寶不背衆食檀越所得施利并歸常住士大夫惠以玩好隨得隨施生平與物無忤至於蚤蝨

不忍棄之師世壽七十六僧臘四十九坐道場三十載提振祖令庚門弟子宗壽等百餘人嗣法已出世者數人師垂手接人雖慈悲示誨而不順世情入室普說寒暑無倦禪徒不時叅扣並無阻因僧問如何是佛師云休瞌睡叢林以爲龜鑑得師之道者無慮百數師郎恩禪師嫡嗣曹溪十四世孫也禪晏接人之外一毫之善弗遺結十萬人念阿彌陀佛刊華嚴大教諸經集傳註解四十三章遺教經潙山警策有語錄偈頌并傳於世其小師宗善狀師行實不遠數千里而來求銘於予

於師爲同鄉且以道契每欽其道行爲里閭之光義不辭銘曰大洪之巔靈濟開山始自恩公更律爲禪嗣法淨嚴繼踵而住十有三年道行化普師生於遂幼願出塵受具之後周流問津因緣未契束包南遊竟遇洪山針芥相投俱胝一指洞徹源底佛祖機緣更無餘旨宗說俱通解行相應能博能約有規有繩精持毗尼常恐弗及食不背衆衣不衣帛不棄蚤蝨不蓄資財人所愛惡已獨忘懷高士所爲能兼衆美臨患難而不變世莫得而倫擬若居德安會賊四圍闔城震恐日懼顛危師

行祖令宛類平時賊謂有異人而引去庸非賴道德之慈威迫禍亂之稍平亦可休而可息洪山供利久已隔絶凌晨無粥而止晝無食餓殍而死者過半幸免而存者十一師被宣司之請不復辭難而往芟荆榛以登陟辟虎狼而趨上野菜橡糜與同餉羣其徒以開路招檀施而瞻仰會未逾年衲子奔湊田圃邱墟俄復耕耨寺宇傾頽鼎新弊陋卒安七百高僧名藍廢而復舊此舉世之難能師優爲之而不以爲難致緇素之皈重宜幽明之共尊圓寂之夕暴風遽作龍神鳴指而長嘘山崖

裂石而崩落時當暮春大雪降格禽獸哀號山巒變白

紅光現於峯頂化體初無改色巍峩聳墖瑞雲中膺示

遺規爲永則

韓　韶承議郎

第四代住持淳禪師墖銘

正矣哉道之難明也分宗别派所以互揚隱顯而彼我

之論紛起回塗轉位所以妙叶理事而同異之説熾然

趣眞者滯於空迹涉俗者汩於塵緣履踐相應絶念而

遊抑又何其難也有道師出焉虚而不凝照而嘗寂言

行無玷內外如一自利利他會微間斷先洪山淳禪師
是也師諱德淳姓賈氏劍州梓童縣人自幼不喜葷辛
依縣之大安寺出家年二十七祝髮受具禮道凝上人
為師初即講席究明教典頗通義學既而幡然改曰名
相累人如泥塗汚足乃拂袖遊方徧叅知識歷大溈真
如喆禪師寶峯眞淨文禪師大洪恩禪師室皆承獎待
後至大陽訪道楷禪師今沂川芙蓉老人是也一見師
器之老人垂示但云退步就已萬不失一又云空劫承
當佛未出世時體會師忽妙契由是迴超根塵頓忘知

見老人後住大洪命師立僧學識威儀爲衆標表峥嵘道望推重一方崇寧三年甲申王公信玉按刑京右雅聞師名德乃狥衆願請住南陽丹霞山天然道塲將行老人歷以佛祖傳法偈及諸家宗旨因緣勘辨師應響答煥若冰釋老人尤歎異丹霞叢席久廢先時圓明大師住持宗門規範稍復舊貫至師乃大振起之雲水高人風聞輻輳師於是益闢田疇繕室宇以廣延納事爲之制條端有倫一衆蕭然安禪靜慮山中素闕藏典師啟意導化曲盡經營迄至有成靡不賫葢南陽之人每

歲來會奉持齋律悟明性宗者莫可殫計環山十餘里輩辛不敢入邑吏田夫猶能漸漬陶染遷善遠罪以順師教況服膺至道者乎如是旬歲初終不少懈人根寢熟祖令益振乃辭疾退居於唐州大乘山之西庵有泉若醴得於庵之前汲之不竭殆爲師而出也政和五年乙未隨守向公再請師住洪山保壽禪院院經回祿之後巍峩雲構化爲荒墟師至悉力營繕增壯於前逾年之間復就者十八衲子依投衆幾五百正方緣盛道廣七年丁酉春示有微疾三月十日忽謂侍僧云勿復進

欒時將至矣安可久留異日書偈云來亦無言去亦無
說無後無前一輪明月是夜五更僧正覺至問訊師乃
云我當自在去矣良久端坐而逝世壽五十四僧臘二
十七度弟子悟典等四十三人嗣法出世者二人利昇
今住唐州大乘山普巖禪院慶預今住隨州水南太平
興國禪院師有語錄偈頌古四卷并行於世師歿後
八日戊申門人奉全身建窣堵波於山之南恩禪師塙
右緇素戀慕雲物哀慘師平生道行孤潔貌古而氣和
心真而言厲韶昔自潁州訪師於冊山每言吾今生來

未嘗敢造業當知業不可造爲患甚深益師鄙亂立志超邁擺脫塵勞及趨空門勇猛堅定卓爾不羣可謂真丈夫矣其操行也深其見法也徹以忘機爲化本以離識爲宗通故能妙唱偏圓傳持曹洞使沂川之道光焰烜赫至於接物利生慈悲懇切殆忘身世以徇之而住壽若此弗克永世茲所謂望失羣生而悲摧法梁也郜夙荷奬提懃徹報稱門人見屬以銘義不當辭銘曰正法眼藏孰敢擬議普應羣機不受一切大哉斯宗曠然絕謂了無可了味兮忘味師生潼州岷峨秀氣善財門

開遍忝方外別有雲山妙高聳峙針芥投機空刼神會冰霜一色水乳相契事理兼融體用無滯愍諸迷津悲願洪逝爾坐道塲無說顯示虛舟以遊應緣絕意龍象慴伏遠邇咸至甘露法雨普霑庶類言發成章乃其餘事拈出古今頌明宗旨白雪陽春遠繼投子茫茫羣生巨川將濟洪浪滔天慈航忽逝惟其不殁清規垂世嗣有顯德宗風未墜白雲卷舒青山秀異我銘師塔忱辭無愧

榮　龔朝請大夫知襄陽軍兼京西
南路安撫使馬步軍都總管

## 第六代住持慧禪師塔銘

芙蓉道楷禪師有三賢孫近年以道鳴於世者曰慶預曰清了曰正覺二公遊方時預已坐漢東兩大刹厥聲藉甚旣而鼎立東南間望迭勝如摩醯首羅三眼眼眼明徹由是天下之慕空術者翕然益知佛氏之有人洞上之有源芙蓉之有孫預實首唱之也曩余識芙蓉老人於京師曉得二公於江浙猶以未面預公爲恨今公之子大洪居寧者乃狀其行來乞銘老嬾顧遑暇乎此雖然有之又烏可已余聞預居隨之大洪也當靖康擾

攘開羣盜環山如林預若不爲意日據繩床頤指閒暇外飭其徒之強毅者固守圉以折豺虎之衝內帥其徒之靜專者謹禪誦以覬國威之立若是者數年卒與山巋然不拔所活何翅萬人士大夫之家賴以生者猶七八百數雖艱難中所施設舉中禮法往往迄今頗能道之者然則預豈惟有補於佛氏者耶故余勉爲之書寧之言曰師胡姓也世居郢之京山生十有四年依楷祖出家於太陽又十年遂爲楷落髮受具久之楷器其所證遣佐丹霞德淳禪師淳道熟而世跡得師爲重政和

三年草寇李鬲者竊發於鄧之鄙寺之運糧丁數十輩偶爲賊所掩盡奪其糧以去已而得賊吏因覩布袋有卅霞字者謂賊所從來將網而坐之主事僧俱駭竄莫敢覘師主藏事獨惻焉憫其無辜以謂不已此寺殆具廢或玷吾釋氏乃越而代之請以身就訊阨於囹圄者踰半年事竟辨白識者高其行南陽之民至有以預羅漢命之嗟夫豈其平日尚法之心微已兆於是歟後淳還大洪復以師從仍總院事七年水南興國席虛隨守請師主之奏聞於朝賜慧照大師之號開堂謂衆曰昔

芙蓉老人處知其名得其地丹霞師兄處忘其名失其地既然血脈是同豈可枝柯有異遂謂淳嗣法子宣和三年徙於大洪居一紀餘猶一日凡兩告去皆弗克及歸則一旦有圓光之瑞咸疑慈忍所相忻云而師未始異也紹興癸丑秋乃遂引去下廬阜入七閩閉關於雪峯之西堂閩帥大參張公守稔其名以府城之乾元延致之居亡幾移住雪峯宗聖雪峯古稱海內甲刹時真歇了公以廣大緣法鼓之適謝而師繼至獨靜重自持其盛不減前日叢林尤以爲難云十年夏忽示微疾因

索筆書偈曰末後之句最難名轉步回頭十萬程除却我家諸嫡子更誰敢向裏頭行俄顧謝大衆遂吉祥而逝實六月二十二日也後七日荼毗得舍利五色莫知其幾瘗骨於雪峯大洪之兩塢俗壽六十有三僧臘三十有八住山凡四處説法凡二十三年凡得度若惠兩者四百五十餘人凡得法若鷲湖亨者二十餘人其餘隨根器而解悟者散在諸方盖未可以名數計也此其幻住之大畧爾若夫生世之穎異學佛之精到奉身之簡約薰修之篤勤語録之播傳搢紳之歸重兹不敢啐

焉以請是猶加金以黄助蘭以香者也居寧得幸於公之久夘公知芙蓉者雖先師之不遇寧遇猶先師之遇矣公其銘之銘曰道本一源孰淺孰淵徹其源者一滴百川猗嗟未流鼓波自渾不心其心徒言於言偉矣慧照爍于羣昏履危坦若其道乃尊惟肅惟通惟誠惟惇芙蓉之子芙蓉之孫千衆拱環無位而位功而不居示以遊戲闊漢瀰綿星河一天慧照斯在宛其儼然維彼靈峯誰再造汝載瞻此銘無替千古

張淵

第十一代住持覺照慧空佛智明悟大師塔銘

大洪山崇寧保壽禪院住持傳法沙門慶顯蜀之廣安人族姓王氏雖本儒家子幼不為聲利起念因誦十二時歌至末了之人聽一言只這而今誰動口豁有深省遂出家從長老惟益學鈔疏謂非究竟惟益令㕘大死却活之句既打破鋭然發憤叅敬十方嘗詣泰佛性佛性益熟視之令叅堂未幾佛性圓寂從詣果月庵喆以一隻孤雁泊地高飛兩隻鴛鴦池邊獨立凡二年針芥不相投值月庵赴怡山招禮師乃詣天童見宏智覺禪

師一見心服然機不發閱三年辭去宏智指示云子見吾叔淨嚴遂當爲子重師奉教徑趨大洪始至淨嚴問云今夏離什麼處師云天童淨云曾見水磨否師云見淨云左轉耶右轉耶師阿轆轆地淨云活頭漢師云非但某甲佛祖亦然一日隨衆入室淨嚴問仰世界卽是覆世界覆世界卽是仰世界汝作麼生會擧未覺師於言下大悟因轉一匝去淨嚴把住云弄精魂作麼師云波斯入大唐淨嚴云汝可歇去師首肯自此日就月將作用綿密又三年賢洞山補處淨嚴遣師寄書陪岐付

囑曰汝善護持他日孤峯建大法幢亢吾宗矣夫淨嚴人天導師許可如春秋直筆師遊歷諸方不爲苟且得大死更活一旦同時啐呼如風雲感會嗣淨嚴法綱主大洪山京西帥漕漢東太守共論薦之朝廷下省帖照應舉蓋自師始也師壞色以爲衣糲粱以爲食空苦寂滅以被其學力於曹洞宗吉明一色遑事夫既死灰其心槁朽其形以法語爲夢語道號爲牧蛇其於世泊然無所取其於塵慾淡然無所嗜視豪右貴勢何有於我者夫孰肯措心積慮拚援傅會徼一日之幸求快其志

爲哉然而搢紳名流恭敬以求開發聞望日隆檀信日盛獨坐洪峯孤絶之頂方來雲衲輻輳鱗集法幢果大克建蒙恩頒降覺照慧空佛智明悟大師凡八字由是牧蛇之聲徧滿江湖轉轉聞上表其眞實義諦夫旣光明盛大矣東宮爲之親灑翰墨東宮謂孝宗也作牧蛇庵三大字以標榜叢林此蓋前輩衲僧遭逢當世得未曾有也山中徒弟揭之墻庵牧蛇旨要四方知歸焉一時名卿有若丞相虞公郎中陶公殿撰陳公左司丁公皆當路主司者一見而忘勢交之出口薦之其在山中天龍鬼

神佑右靈濟而出雲雨見怪物者因師稱讚咸增爵秩嗚呼此豈必市諸名卿以相提掖唯其德盛仁熟誠之不可揜嬔夫草中之蘭人服媚之以爲國香决非扳援傅會所得也師住世年七十八坐夏臘五十三受具弟子宗似而下二百餘人窣堵波既成宗瑄宗邃求銘投余凡二年其求愈力不可但已也銘曰說法大洪多曹洞宗懿厥牧蛇宗通宗通龎駕其說郎星卿月天宮帝子爲綸爲綍牧蛇一時名振宗師曹洞如綫孔鴻大之實蕃學徒佩服師摹一色邉事有鄰不孤

大洪山志 卷十

王格見前

## 水陸佛會題辭

大洪山萬壽寺古燈禪師幼有至性戒律精嚴嘗浪遊兩都卓錫於伏牛五臺天台雁蕩之間言下悟道深詣奥旨已乃歸卧舊山習靜養性生平慕梁武帝崇奉寶誌公之事建水陸傑閣雄麗倚天倣大通故事與往來縉紳學士及諸四方檀越皈依釋典者大啓道場梵誦梵祝期以三離寒暑爲度遂假手冊青肖像梁庭君臣以爲宗法余適洪山也叅禪之暇出以相示嗟乎以師

之慧覺潛心積歲其所造固於實誌無讓者使得遭逢
武帝則其尊禮優渥豈遽出其下哉而今僧臘已適徒
遠慕右昔良可慨歎雖然聖明在上主鬯方始而師優
游平治之世得與其徒講明經旨大振象教則其視誌
公所遭又似遠過之矣余旣慕大洪之名勝又重師之
修潔遂走筆書此使覽者有所稽焉

王　旒見前

跋蕭鼎村九日洪山登高詩册

雙泉高氏別業何洪山不出門庭而煙嵐蒼翠變滅於几席窗牖之間古人所謂悠然見南山於此有會心焉孝昌蕭子鼎村授徒高氏館於是日饗飫於茲山猶以爲未足己丑九日偕高子果亭及其門人爲登高之舉各得詩若干首都爲一册出以示予予以爲古人之學不專誦讀藏修遊息所以養其心者非一端今之所習特科舉之業窮年兀兀於研席不敢暫離稍不如是則

以爲舍其業而嬉几山川之明秀景物之妍好雖在當前而棄之如遺鼎村乃不牽於俗會逢佳節登高望遠一發其幽遐超曠之思其賓主師弟翛然物外不待讀其詩已可想見其風致况其詩足與山川景物相宜所見煙嵐蒼翠恍然於諸子筆墨間遇之余因久有登覽之志披其冊神先往矣

高鑑見前

## 大洪山祈雨疏

峯高鷲嶺、池有龍神、聳重霄而作鎮五岳外、咸仰名山、滙絕頂而沸泉、四瀆中亦滋神水、凡屬十千耦內、時和年豐、定由百丈峯頭、雲興雨降、恩膏下土、澤被居民、振古如茲、於今爲烈、慨從去歲秋中、已遭久旱、倏忽今年夏午、未降甘霖、不聞青草盈田、常見紅雲捧日、無麥之家、未嘗宿飽、不毛之地、何以逢年、千村失望、傷心無救濟之方、四顧何之、轉瞬有流離之苦、非無和風、非無甘雨不意南阡北陌疆域無秦越之分其如東舍西隣咫尺有雲霓之隔敢怨龍神私覆敢言山岳無靈良由比歲豐登未免暴殄天物加以逸居多淫佚不無攸斁彝倫孽自已招災於誰訴然而天恩深厚常憐林總之無知神聽和平豈念愚蒙之舊惡某等托處宇下世賴庇蔭知悔過以自新用乞哀以請命或展回天之力或施濟衆之恩勿云罪孽已深天心難挽罔曰災沴有數神力若何岳視三公三公豈無分土瀆視諸候諸候亦有私人仰彼高山下土樂其怙冒沛然下雨窮檐沐其

恩波，伏願吐岫口之祥雲，洒池邊之涓滴，活我轍中涸鮒，救茲釜内餘生，則東作興而西成有望，永荷天休，民命蘇而國賦以盈，實邀神惠矣。乾隆己卯六月十六日上，次日大雨

劉象賢　字介玉，漢川人，嘉慶文學

## 守愚堂序

凡人必有以自守，賢可守，愚亦可守。今之愚不可守，而古之愚則可守。古之愚，今之賢也。古有愚邱、愚溪，地以愚名也；愚公、愚隱，人以愚名也。愚之名，今人不樂居，則愚之居，今人不能守也。能守之者，其惟吾友高君維搢乎？高君世家大洪之麓，性敏捷，酬書史，工文翰，著作幾於等身。少補弟子員，兩厄棘闈，輙弗去，惟設教桑梓以爲樂事。人有勸以登進者，以毋老不能輟養爲辭。觀其行事不類真愚者之所爲而其甘隱名山以愚自守山可名愚山水可名愚水家人父子可謂愚夫愚婦愚子愚弟往來交遊皆可謂愚朋愚友愚主愚賓由此觀之不自用其愚亦不自諱其愚無之而非愚也其堂闢山坳不過數楹每書窗四啟岩壑洞達林木陰翳外人欲尋徑入不得莊生野馬曾共擾其堂奧蓋其所托者靜所植者堅無之而非愚亦無之而真愚也古之愚今之賢也甲午夏余遊洪東假館於斯堂者有日高君出守愚文集且述所以名堂之意屬序於余因書愚辭以志斯堂云

# 大洪山志卷之十一

洪麓高福滂育亭纂輯　　南院釋本嶷校刊

## 物産　石　木　花　草　果　蔬　藥　獸　鳥　魚

洪山地當荆豫之交形勢宏博生植之饒甲於漢東每春和秋厲採拾掘斸相絡於道土物精良被及别郡洵此邦之陸海也曩時山中人戶稀少夾路長松入雲人行其中聞颯颯聲則怵然心懼木倒折歲久自腐野果黃落猶未經採掇今數十年耳危巖深谷煙火相望千仞陡壁之上皆開墾種蒔盡

國家承平二百年矣撫綏至而生齒繁戶口之衆與物產之饒若相摩相盪以是豐亨豫大之象凡吾人之與亨斯樂者其可不知所自乎哉而物力又安可以不惜乎哉

石

紫石出山南麓之瀑平巖色與端溪相混賈人取其精者巧制爲硯以贗端產非精識者不能別也其地巖壑深邃泉石幽潤有前朝取石斧鑿痕

龍巖石出山麓之龍關崖其石於璞中取出有蒼綠似菜

玉者有白色淡青者可爲印章及諸器玩以地爲復郢
氣脉所鍾不可鑿取誌之以諗來者
太陽石出山南太陽山有純白淡青二色其佳者瑩然如
玉石工鑿取雕鏤器玩鬻之遠方
寒水石出山之西麓磨兒厰有形狀玲瓏可供清玩者其
地又出石可爲磨上自棗陽下自復郢歲取給於此故
有磨兒厰之名矣
飛金石出山北花山砦石色青黑層摺剖之中夾細層薄
如竹紙色如金箔土人名爲飛金石按李時珍本草綱

目所載金星石與此形狀畧似未知卽是物否姑誌之以俟識者

石鍾乳出山下洞中諸洞皆有而仙人洞雙門洞所出尤佳水經注所謂石門夾鄣中多鍾乳望齊冰雪者惟此可以當之蓋幽穴深窾石液凝成下垂如冰柱通中輕薄如鵞翎管誠如本草所云世有葛洪不必遠求句漏丹砂也

雲母出山谷土石間凡出雲之處皆有之而龍門巖最多光瑩如水晶作片成層敲之輒碎按仙經雲母有八種

其純白明澈者名磷石洪山所出正此類也

滑石出北麓楊五溝一帶山上土人鑿取粉之以堊壁醫家無有知而用之者

赭石一名土朱山麓黑石紅土之中多有色紫暗如雞肝村學多研以點書畫家亦用之

無名異狀如樗蒲子色黑如漆白羊山麓雨後往往得之

燧石出城牆堙五里坪諸山巖中土人鑿取鬻之他境以黑如牛角而光滑細潤者取火最捷

青石出山北青石嶺距長岡店北十里可爲碑碣又大堙

石作碑更佳即石梁石柱所在石壁上有宋人鐫刻字

跡

石炭俗名爲煤炭出山北鮑家集土人莫知取用誌之以

諗來者

# 木

木之産於洪山者甚多茲惟志其品之異與其有資於用者凡松柏槐檀楸梓桑柘楊柳構櫟之屬雖資世用而爲人所常見者亦不具録以後諸物皆倣此例

瓔珞杉生於洪山萬壽寺葉似杉而枝介松柏之間狀如瓔珞四時蒼翠可愛

桫欏樹葉似栟而更濶大有花實如栗味澀不堪食治心痛甚驗觀音洞有之羅曰褧雅餘云娑羅樹一名七葉樹每枝生葉七片未之審也古稱桫欏木出崑崙山然康熙字典引格物要論云桫欏木出湖廣及南安則此

木固楚地所產也昔年東莊畈東南塔兒灣山中有桫欏一株大數十圍中空可坐四五人今不復存矣

棟樹山中人謂之棟櫟樹葉似櫟而長亦似冬青淩寒不彫有赤棟白棟之別木理滑細而堅陸璣所謂棟葉如柞皮薄而白其木理赤者爲赤棟是也

杉木狀類松而徑直緣枝生葉尖硬如刺洪山所出比來自湖南者更爲堅實但須栽植乃生

椵樹葉如白楊而有微刺木理堅緻

冬青樹幹似木樨葉如瑞香好生石巖幽壑之間其色嫩

綠淩寒不彫實赤如珊瑚本草謂之冬青子

女貞與冬青一類二種葉大如冬青其實黑本草謂之女貞子山海經太山之上多楨女郭璞註曰女楨者是也

黃楊木葉如初生槐芽光潤翠靄四時不彫枝葉攢簇上聳如蓋人多植之園林以供清玩性最難長數十年不盈一握世謂歲長一寸遇閏則縮未知果然否也木理淡黃滑細堅緻作器爲世所珍

石楠葉似辛夷而堅厚濶大淩冬不彫木理細而堅陳淏子以爲郎楊妃所愛端正木

青桐樹即梧桐也皮色青瑩高聳少枝木中琴瑟之材或云皮不甚青而有實者乃爲梧桐要之一類二種也

紅娘子樹葉狹而尖初生紅色木理極細

櫰香樹葉如櫸榔春夏開花結毬染家謂之花果可染元帛嫩樹皮可以爲繩

櫨木葉圓木黃煮其汁可以染黃又有凍綠樹其皮可以染綠

檀大木又美材也有黃白二種葉皆如槐木理細密堅實材中車輛油榨之用又有青檀山中人取其葉以和飰

爾雅疏古諺云上山斫檀榽檶先殫言相似也所謂青檀或即榽檶之屬與

楓葉三尖秋深丹如烘霞結實燃之香烈材中梁棟之用爾雅謂之攝攝言風至則攝攝而鳴也

檉柳一名垂絲柳小幹弱枝細葉如絲婀娜可愛南齊時益州獻蜀柳條長葉如絲縷者即此樹也今俗謂之觀音柳按柳有數種凡欅柳杞柳楊柳之屬不具錄錄其異且少者耳

白楊葉似枳椇圓而有尖面青背白其木聳直高大肌理細膩可爲棟梁及一切器用

狗骨樹葉圓似槐木理堅白如骨爲器甚佳李時珍本草綱目以老鼠刺爲狗骨樹然老鼠刺又自一種

老鼠刺一名八大功勞樹葉青而厚硬形方有五刺角四時不彫五月開細白花結實如冬青鮮紅可愛木理白滑製器亦美

無患子枝葉皆如椿五月開白花結實如彈丸狀似銀杏及楝子生青熟黃老則文皺肥如油㯄之形實中一核堅黑而圓釋家取爲數珠謂之菩提子其外皺肉可以浣垢功同肥皂山中人謂之梅子皂山海經云秩筩之

山其木多桓郭璞註云葉似柳子似楝着酒中飲之辟惡氣浣之去垢卽此木也崔豹古今注云昔有神巫曰瑤眊能符劾百鬼以此木爲棒殺之世傳此木爲器可厭鬼魅故號曰無患又名鬼見愁道家禳解方用之緣此義也

漆樹枝葉皆似椿樗花似槐子似牛李爾雅郭註引俗語云椿樗栲漆相似如一以目驗之信然

罌子桐卽油桐三月開花粉紅色其實作油漬一切器物堅實不腐亦可點燈

烏柏木葉圓畧尖經霜殷紅恍如丹楓五月開花淡黃色其實有殼裹之初青後黑分爲三瓣秋冬之交殼裂子出皚皚成簇核外之脂壓爲雪油核內之脂壓爲子油其合內外而壓之者名木油點燈作燭俱美而雪油之利南入洋北至口外每歲遠商挾重貲至此購之此與油桐他境皆有而洪山所出爲利甚廣因誌之

楤木高丈餘直上無枝渾身皆刺山中人於春初發時折取其芽瀹食之謂之刺苞頭李時珍以此爲鵲不踏樹云以其多刺而無枝也然鵲不踏又自一種山中所見

與陳倚古督雲雜志所説甚相合也

鵲不踏高四五尺叢生多枝莖及葉柄皆有刺三月開黄花結實成莢其根有蟲每日子午時掘之則得謂之子午蟲可療牙痛

刺楸樹一名刺泡桐葉似梧桐而有五七杈宛如掌指初生數年渾身密刺大則無矣樹有至數尺圍者材不甚堅而肌理細膩可爲器物

## 花

玉蘭一名木蘭枝幹皆似辛夷而葉微圓開於春初花碧而白冰姿綽約清香襲人樹高大而肌理細膩山中之木以花勝復以材勝者無踰於此

辛夷一名木筆今通謂之望春花葉似石楠長潤而尖隔年結蕾儼若筆尖花開似蓮外紫内白亦有紅似杜鵑者樹亦高大有數尺圍者

瑞香生巖壑中葉似冬青淩冬不彫枝幹婆娑可愛先冬結蕊交春開花香味馥烈樹高只數尺無大者然周欉

園闕小紀載墨莊漫錄云襄陽唐氏園中瑞香一株面濶一丈二三尺又李居仁言舒州山中深巖間附石生瑞香一株高二三丈下可坐十餘人則知此樹非無大者山中頻遭剪伐故爾爾也

梅幹葉皆與園林所植同花小單瓣色白蒂紫開於冬亦開於春前人詩十月先開嶺上梅卽此種也

海棠叢生單瓣綴枝作花深紅如榴火正月卽開人多植之園林

紫薇一名百日紅葉對生一枝數顆一顆數花六月始花

其蕊開謝相接續可至九月故有百日紅之名其樹光滑無皮人若搔之則枝幹無風自動亦其性使然也

紫荆花一名滿條紅花叢生深紫色一簇數朶細碎無瓣發無常處或生本身或附根枝二月盡即開柔絲相繫枝動則朶朶嬌顫若不勝者亦可愛也

牡丹生山巖中粉紅者多亦有白者多單瓣不起樓惟大埡東牡丹巖有白牡丹一本生於絕壁之上人跡莫至花大如盤重樓高數寸誠仙品也

山躑躅一名映山紅花似杜鵑春時與羊躑躅徧滿巖谷

亦佳景也羊躑躅俗名老虎花

合歡亦名夜合葉似槐山中人謂之夜槐樹五月開粉紅花上有絲茸狀如馬纓古云植之庭階令人消忿

木芙蓉叢生如白楊嫩條高丈許葉如梧桐冬彫夏茂秋日着花嬌艷如蓮花耐寒不落故有木蓮拒霜等名山中人取其皮爲索謂之花麻

淩霄花一名紫葳蔓生附於木上高可數丈蔓間有鬚如蝸虎足着樹最牢一枝數葉尖長有齒深青色夏月開花五瓣赤黃色深秋更赤亦高出樹頂亦頗可觀　藤本

梫木樹如石楠葉似苦茗高丈餘四月開花成簇遍滿林谷亦頗可玩此樹不識爲何名嘗考李時珍本草綱目所載梫木形狀相似誌之以俟博識

大洪山志 卷十一 [illegible]

土

花草本

蘭蕙生山谷中爾雅翼以一幹一花而香有餘者爲蘭一幹數花而香不足者爲蕙然洪山所產一幹一花者二種一種花碧緑色而肥大者香誠有餘一種花淡黃色而瘦小者不覺甚香一幹數花者亦二種一種花淡黃色幹亦淡黃而有紫班點者香稍不足一種花碧緑色幹亦碧緑而無班點芳香盈溢色態更佳未見其爲不足也又朱蘭山中亦產今罕見矣　按蘭之爲說諸家聚訟寇宗奭曰葉如門冬而濶且韌長四時常青花黃

緑色中間瓣上有紫點春芳者爲春蘭色深秋芳者爲秋蘭色淡是以春蘭秋蘭都屬之山蘭矣陸璣詩草木疏則以蕳爲蘭蕳節都梁香也盛宏之荆州記都梁縣有山山下有水清泚其中生蘭草名都梁香朱晦翁註楚辭紉秋蘭以爲佩亦引本草云蘭與澤蘭相似生水旁紫莖赤節緑葉陰小紫花紅白色而香五六月盛是亦以都梁香爲蘭後人或又以孩兒菊爲蘭李時珍本草綱目謂蘭與澤蘭一類二種以莖圓節長而葉光尖長有歧者爲蘭草莖微方節短而葉有毛者爲澤蘭而

集陳遯翁陳止齋方虛谷楊升菴諸說以紐山蘭大約本荆州記與朱子之說惟明豫章羅曰褧著雜鈔力闢山蘭之美謂蘭形似蕙蕙香不及蘭陸璣以蘭爲蘭非也蜂採百花俱置翅股間惟蘭則背負入房以獻於王蜂亦知蘭之貴如此獨山蘭可當蘭名至　本朝汪訒庵著本草備要亦力駁時珍之說而以楚辭所謂秋蘭者因屬澤蘭而其所謂春蘭石蘭幽蘭者定屬山蘭二說足爲山蘭吐氣山中草本莫美於蘭而舊爲諸說所抑故詳録而辨之如此

秋海棠生巖洞陰濕之地雙門洞口最多本矮而葉大背有紅絲如臙脂作界紋秋日開花最爲嬌媚

龍爪花根如獨蒜纍纍附著葉如蘭蕙青滑柔脆夏末秋初葉忽不見抽莖著花蜷卷如龍爪有朱紅黄白等色花後葉乃復生

山丹一名紅百合根似百合小而瓣少莖亦短小其葉狹長而尖頗似柳葉與百合迥别四月開紅花六瓣不四垂亦結小子又一種卷丹莖葉與山丹同而稍長大花六瓣四垂大於山丹上有黑點四月結子在葉椏間狀

如貝母紫黑色入秋開花在頂或七八朶十餘朶不等

亦一異也其根有瓣似百合不堪食別一種也

草

杜蘅葉似馬蹄根與細辛相類芳香撲人山中人謂之馬蹄細辛離騷所謂雜杜蘅與芳芷是也又一種苗生獨莖根亦與細辛相似而香不及山中謂之土細辛本草之所謂及已也

杜若葉似高梁薑而細根似旋葍氣味辛香楚辭云山中人兮芳杜若是也

菖蒲葉如蒲而色青其中有脊如劍根盤屈多節洪山溪澗在在有之

紫草爾雅山海經俱作茈其苗方莖赤節葉青微似苎麻二月開紫白花根可染紫山中多用以飾蠟燭之色每臘月貨者遍街市中

長生草一名萬年松即卷柏也生於巖石之上細碎拳曲狀如柏葉雖極枯槁得水則蒼翠如故可爲盆玩

吉祥草葉似蘭而柔短四時青緑夏開花紫白色成穗結

小紅子人家庭院多植之花不易發開則主喜

萬年青濶葉叢生深緑色冬夏不萎三月開花黄色狀如

松花人家亦多植之

書帶草細縷叢生盤疊層累年久狀如綉墩青翠之色四時不改

虎耳草生陰岩石壁葉類秋海棠厚而有毛三四月開小白花其根生絲蔓延絲末生苗傳土輒復著根矣

藨草狀如茅而柔韌色青可以束物

龍鬚草叢生水石間狀如莧莖苗直上夏月莖端開小穗花並無枝葉似東陽龍鬚以作席者但多節耳

三白草生田澤畔莖如蓼葉似青箱初生無白入夏葉端半白如粉農人候之時田三葉白則夏已深而栽蒔不

及矣五月開花成穗如蓼花而白根長白虛軟有節鬚

各百節蓮

果凡桃李杏棒之屬自所常見又須人力栽植非洪山特産也茲不詳詳其生之殊與其産於山中者

銀杏一名白果卽平仲本左太冲吳都賦平仲君遷沈雲卿詩芳春平仲綠是也葉如鴨掌面綠背淡春晚夜半開花人罕見之實大如杏初青熟黃爛去其肉取核為果食其仁樹最耐久有大至數十圍者肌理白膩作器物甚美

栗葉如櫟滑澤而長四月開花成穗長數寸可以點燈其實有毬裹之狀如刺蝟熟則苞裂子出一毬內多者三四枚少者一二枚不等其名有鐵栗子毛裹尖大紅袍

之異鐵栗子最佳每年中秋前後轉鬻搬運者相絡於

道

葶栗樹如板栗實小而尖炒食生食皆佳卽詩之所謂榛

爾雅所謂栭栗也

梗棗一名牛奶柹卽吳都賦所謂君遷也其木類柹實小

而長狀如牛奶似棗而軟因有此名蒸而曝之味甘可

食廣志云梗棗肌細而厚少核可以供御卽此

椑柹乃柹之小而卑者故謂之椑實大如梗棗而圓搗碎

浸汁謂之柹漆可油紙扇及傘故又有漆柹油柹等名

山櫻桃狀與朱櫻相似葉尖而長實亦尖小四月熟山中人採之以鬻於市其木堅緻亦美材也

枳椇山中人謂之拐棗葉如白楊青而光滑五月開花其實盤紐狀如珊瑚味甘經霜則美可生啖熬膏尤佳能解酒傷詩南山有枸陸璣疏云枸樹高大如白楊子着枝端噉之甘美江南謂之木蜜即此果也

山樝山中呼爲茅樝果樹高數尺葉多歧邊如鋸齒三月開小白花實有赤黃二色肥者如小林檎小者如指頭可生食熬膏釀酒並佳取熟者去皮核和糖蜜漬食亦

美郭璞爾雅註云杦樹如梅子赤色似小奈可食即此物也秋熟時山人採賣徧滿街市轉致他境又有一種花葉皆同樹高大實亦大皮澀肉虛經霜乃熟俗名樸糊李五月棗本草拾遺謂之胡頹子樹高丈許枝柔軟如蔓其葉面青背白上有斑點如星經冬不彫二月開白花實如山茱萸上亦有細星斑點生青熟紅其味酸甜其葉爲末米飲服可治喘嗽又一種樹葉花實皆與此同但實圓如櫻桃而不長立夏後即熟山中人呼爲四月棗蓋一類二種也

蔬

珍珠花樹高丈許枝柯叢密葉圓長而有尖邊如鋸齒一蒂三葉一葉中出旁兩葉承之新春發葉花條如球子花開亦頗芬芳潔白如雪花葉皆可爲茹淨花難得葉謂之珍珠菜以雞肉烹食味甚清香

巖花菜生巖石中狀似菠薐而葉圓面青裏紅葉中抽莖上著白花爲菹辛烈可口山中人以爲遠方餽貽

石髮生觀音洞左右一帶山石上土人以篾鐵於石壁剔取之狀如亂髮揀淨沙土雞鴨湯煮爲茹陸祚蕃粤西

偶記所載峒谿石髮生於水底隨月盛衰羅曰爾雅餘

所載新羅石髮一名金毛菜亦生於水底其所狀形象

皆與此同

蕨菜初生如小兒拳蘇子瞻詩蕨芽初長小兒拳是也於

此晴採而瀹之乾以爲茹食法與珍珠菜石髮同

百合一名夜合苗高二三尺葉長而有尖四面緣幹而上

五六月其莖端著花蜜色心紫香味濃溢日舒夜斂根

如山丹而大百瓣緊裹味甘可餐花亦可以爲茹

薯蕷亦名山藥蔓生紫莖緑葉六七月開花結莢而無仁

其實別結於枝椏間狀如雷丸大小不等可種亦可食根長多鬚皮黃肉白煑食甚美亦可入藥山中又有一種藤蔓罥小葉微圓根塊盤屈狀如黃精謂之雲頭山藥

玉環苗高尺許與丹參相似方莖葉生對節縐紋有毛邊如鋸齒五月開淡紅花結子根如蠶蛹下圓上銳宛似婦人耳璫瑩澈如玉故有玉環之名蜜浸肉和醬油醋漬皆可食

萱草狀如蒲而葉短柔滑中心抽莖作花與山丹相似而

色黃曝而乾之可爲蔬謂之金針一名黃花菜

羊肚猴頭皆以狀名木芝之屬也陰雨則生然亦罕有

黄絲菌多出櫟樹林中夏秋雨多則此菌亦多狀如張蓋色黃味亦鮮美

鹿茸亦菌屬也以狀名出深林爛葉之中就地生蒂其上生數十歧狀如鹿角以雞湯煮食甚佳

山韭爾雅謂之藿山葱爾雅謂之茖山䪥爾雅謂之葝山蒜爾雅謂之蒚皆生於山崖之中與家園所種大同小異呂忱字林又有水韭氷蒜大約氣味咸不相遠也

## 藥

洪山所産凡數百種茲録其可知者闕其不可知者凡香附車前之屬所在皆有者亦不具録

黄精山中謂之山薑苗高一二尺葉似竹葉四面附幹而生根與薑相似黄白色久服可以延年

葳蕤一名玉竹山中謂之竹根薑葉圓而長碧緑色三月開花結實形圓其根横生多鬚性與黨參同功

丹參苗與玉環相似方莖有稜葉生對節夏開紫花花上露珠莖甘根赤色入藥用根

沙參苗高一二尺葉尖長如枸杞秋月開小紫花根莖皆

有白汁秋月採者爲佳

紫參一名牡蒙葉似羊蹄紫花青穗其根紫色根入藥

苦參葉似槐花黄白色根入藥用其味至苦

龍膽草一名陵游苗高尺餘葉如龍葵根似牛膝味苦如膽秋開花如牽牛青碧色根入藥用

甘草枝葉如槐高五六尺葉端微尖而糙澀似有白毛七月開紫花結實作角子如小豆卽詩所謂苓也

桔梗春生苗高尺許葉邊有齒夏秋開紫花根入藥用

柴胡山中有二種有葉似竹者有葉似柳者七月開花紫

紅色醫家以洪山柴胡爲勝
前胡與柴胡相似柴胡色赤而脆前胡色黄而柔以此爲
别
蒼朮苗高尺許葉有微刺邊如鋸齒根與白朮相等深林
中所産有大至數斤者
防風莖葉俱青緑色莖深而葉淡似青蒿而短小五月開
細白花如蒔蘿實似胡荽子而大
黄連葉似甘菊四月開花黄色實似芹子根黄連珠
瞿麥葉似小竹葉其莖纖細有節高尺餘花大如錢紅紫

色最爲嫵媚實如燕麥內有黑子

扁蓄葉似瞿麥赤莖纖弱三月節間開細紅花

貝母葉如栝樓而細子著根下狀如聚貝其色正白

天葵一名菟葵葉大如筯頭面青背紫花極小而態甚都

雅根如鼠矢劉夢得所謂菟葵燕麥動搖春風者即此

物也

淡竹葉一名鴨跖高數寸葉如竹花如蛾三瓣相附青

翠可愛爾雅所謂王芻詩所謂菉竹猗猗者也

甘松香叢生葉細如茅根極繁密氣香烈

牛旁子一名惡實葉似芋實殼似楓毬一捄内子數十枚
根大如臂子與根俱入藥
夏枯草葉似旋覆四月開花成穗内結細子夏至後即枯
四月採之入藥
白頭翁葉似芍藥中抽一莖莖頭紫花有白絲茸長寸餘
正似白頭老翁因有此名
劉寄奴一莖直上葉似澤漆夏開黃花可治金瘡及湯火
傷
蝦蟆草一名蟾蜍蘭爾雅所謂葝薽豕首也嫩苗綠色似

綿葉菘菜故一名地菘可治腫毒子爲鶴虱

茵陳蒿其莖如艾葉如淡色青蒿而背白經冬不死至春又生九月開細黄花結實如艾子亦有無花實者

青蒿二月生苗紫莖細枝葉如初生松檜深青色其氣芬芳又謂之香蒿七八月開細黄花結實如粟米大莖子葉並入藥用沈括夢溪筆談云青蒿一類二種一種黄色一種青色本草謂之青蒿亦有所别也

水蘇一名龍腦薄荷多生水旁方莖中虚葉似薄荷對節其氣芬香味甘辛

益母草子名茺蔚即詩所謂蓷也方莖尖葉節節開花色紫子如黑芝麻莖根子葉皆入藥

蒼耳即詩所謂卷耳也莖有紫斑葉大如茄五月開花至秋結實如棗核上有密刺將落時衣拂之則粘綴子莖葉皆入藥

豨薟草狀與蒼耳相似葉柔而有毛素莖紫荄其生對節七八月開黄花結實滓液粘人嗅之作豬毛氣爲膏爲丸治風症有奇效

大戟苗似甘遂春生紅芽葉如初生楊柳三四月開花秋

冬採根入藥

羊蹄生下濕地葉似牛舌入夏起薹開花子名金蕎麥根如大黃及胡蘿蔔

山大黃一名山羊蹄葉似羊蹄子若茺蔚子

半邊蓮生陰濕地高一二寸許莖葉俱細夏月開小淡紅花狀似蓮花而只有半邊故名可治蛇毒

旱蓮草一名鱧腸俗謂之墨頭草生田邊及下濕地莖似馬齒莧高尺許葉似柳而光澤開細白花結實如小蓮房折其莖有黑汁如墨

貫衆莖葉皆如鳳尾草其根一本而衆枝附之故名根如
狗脊黑鬚附著其上可以辟疫爾雅謂之貫渠

七葉一枝花本草謂之蚤休一名金綫重樓一名紫河車
葉如鬼臼一莖七葉層叠而上根治腫毒

獨脚蓮即鬼臼也葉如萞麻一莖上生一葉年長一莖莖
枯則爲一臼歲久則臼愈多

石蒜俗名老鴉蒜春初獨生一葉似蒜而細隨抽一莖開
花色白根亦如蒜皮黑肉白根入藥用叉綿棗與此形
亦相似惟一莖數葉爲異荒年人掘其根去皮煮食味

頗甘但入鍋後不可撥動一撥動則味麻螫口又龍爪花根亦似石蒜三者各爲一種李時珍本草綱目辨之不清其於石蒜下所謂花葉不相見者乃龍爪花也其引救荒本草謂可煮食者乃綿棗也其所謂老鴉蒜者乃石蒜也三者混而爲一殊欠分曉

商陸俗名觀音兜葉大如牛舌花赤者根亦赤花白者根亦白入藥以白者爲勝

白芨葉似初生櫻葉中抽一莖夏月開紫花根白相連狀如菱角可入藥亦可粘物

天南星一名虎掌三月生苗獨莖直上莖端葉尖如爪五六出分布五月開花結實成穗八月色紅如苦瓜子根似芋而圓白

半夏一莖三葉葉尖而長根大如指形圓

杜牛膝紫莖緑葉根如牛膝李時珍本草綱目以地菘爲杜牛膝者非也

地榆葉似榆葉而狹長邊有鋸齒初生布地獨莖直上實如桑椹紫黑色根如丹參採根入藥

鵝不食草生石縫及陰濕處小草也細莖緑葉狀如嫩胡

萎其氣辛薰鵝亦不食挼塞鼻中可去目瞖治頭風

酸漿俗名燈籠草苗似天茄四五月開花結實有四葉盛之埀如燈籠生青熟紅閭中人謂之洛神珠

射干葉似菖蒲而濶葉中抽莖開花色黃赤瓣有細紋狀如蝴蝶一名秋蝴蝶又一種蝴蝶花苗與射干相似其花六出紺碧色開於春夏之交　以上草屬

何首烏蔓生莖紫葉青圓而有尖其苗夜合晝分根大如拳外有五稜內作雲頭紋有赤白二種須相間為用二三百年者大如栲栳服之延年

天門冬蔓生莖大如箸長數尺深紫色葉青翠似茴香而
有逆刺夏開小白花結實椏間根長一二寸一窠數十
枚可入藥亦可蜜漬食之又麥門冬葉如韭潤而短夏
抽莖開白花實如釦子大色青

栝樓蔓生莖葉頗似絲瓜長至丈許夏開白花結實如鷄
卵生青熟黃其根長尺許或至數尺類山藥而巨皮黃
肉白子爲栝樓根名天花粉

菟絲子俗名無根藤蔓延草木之上有枝莖而無葉色黃
日照之金質晃耀六七月開白花結實如小豆薄殼內

有子如黍米大

金櫻子藤蔓多刺夏開白花結實如小瓶刺滿其上初青味澀經霜則黃赤而甘小兒喜食謂之蜂糖罐

覆盆子山中人謂之冬藨子蔓生莖及葉柄皆有刺葉面青裏白六七月開花一二十粒成一簇霜後始熟生青熟紫實上微毛唐書漢東郡土貢覆盆子宋時隨州亦以覆盆子充貢物此外復有三種一種木莓幹高數尺葉內外皆青春開白花四月子熟色紅如櫻桃山中人謂之麥藨子又一種亦蔓生葉外青裏白子熟次於木

莓色紫有微毛山中謂之栽秧藨子又一種幹似木莓紫黑色莖上有白粉拭之則落亦於五六月熟初青熟則由赤而黑過則生蛆俗謂之狗屎藨子此上三者莖及葉柄亦皆有刺其實并爲小兒所取食爾雅註所謂子似覆盆而大赤酢甜可食者蓋此屬也李時珍註此四種紛紜錯互與今所見逈不相侔故誌之以備考

葛春生苗藤蔓長一二丈可爲絺綌其葉三尖如楓葉而長面青背淡六七月開花成穗紫紅色似豌豆花其莢如小黃豆子綠色謂之葛穀根大如臂皮紫肉白長者

至七八尺根花皆入藥土人取根搗爛澄粉甚佳
土茯苓山中謂之冷飯團莖有點文葉類瑞香而大其根
連綴而生狀如雞子可啖有赤白二種入藥白者爲勝
馬兜鈴春生苗作蔓附木而上葉如山蕷面青背淡六月
開紫黃花實作四五瓣下垂其狀如鈴根微有香氣名
土木香
忍冬花今通謂之金銀花四月開花初白後黃芳香濃烈
每年初夏採之遍滿山谷遠商購之轉致他境
茜草詩之所謂茹藘也爾雅說文謂之茅蒐葉青背綠頭

尖下潤生對節莖方糙澀根紫赤色可入藥亦可以染

絳

連翹木本而枝弱如蔓長五六尺著地則復生根幹葉皆與珍珠花相似惟枝蔓異耳秋冬葉落而枝幹不枯至春生葉開黃花結莢下圓上尖如未開蘭花之苞老則兩片開裂子細如芒李時珍以此列入隰草其所引諸家之說乃旱蓮草非連翹也

百部葉與天門冬相似其根一叢數十枚亦似天門冬而虛軟

牽牛子葉角三尖折其莖有白汁花與扁豆相似子作小房其實或白或黑二種微有不同

千里光葉青而圓莖葉招之有白汁出花葉莖並入藥用

威靈仙莖如釵股葉下圓上銳五月開花白英四片中抽白鬚根入藥用

木鼈子葉如蓍蔓夏月開花實如栝樓而大上有軟刺一實內核數十枚

菝葜山中謂爲巴巴果子莖上有刺葉圓而滑子赤色如

南天竹實其根盤曲堅硬上有硬鬚如刺入染家用亦

可入藥

白斂二月生苗作蔓赤莖葉如山桑根如雞子而長一窠三五枚皮黑肉白又有一種赤斂表裏俱赤

黃藥子莖高二三尺柔而有節似藤實非藤也葉大如拳長三寸許根長尺餘外褐内黃根入藥用

白藥子葉似苦苣四月抽赤莖似壺盧蔓六月開白花根皮黃色

行骨風春生苗蔓長數寸葉圓而厚莖葉皆有微毛根可治風 以上蔓屬

五加皮樹高五六尺莖紫葉青莖上有刺採初生嫩芽淪
食清香可口根皮入藥以一蒂五葉成簇者爲良
杜仲葉微似柘其皮折之白絲相連山中人多刈以爲薪
黄蘗葉似石榴枝條多刺皮外褐裏黄按蘗有黄蘗小蘗
刺蘗之異此蓋所謂刺蘗也山中人多刈爲薪鮮有採
以爲藥者
枸杞大者高五六尺枝如藤蔓葉小而尖嫩苗堪食俗呼
爲甜菜芽六七月開淡紫花結實生青熟紅如朱櫻而
微長根名地骨皮陸璣詩疏云杞一名苦杞春生作羹

茹微苦其子秋熟正赤莖葉及子服之輕身益氣卽此是也

官桂本草謂之牡桂樹高一二丈幹葉皆似巖桂其皮辛烈氣味如肉桂而薄

衛矛一名鬼箭羽山中謂之八樹狀如野茶樹葉小而圓其嫩條四面有稜如箭之羽三四月開花結實有殼裹之熟則罅裂露出其子鮮紅可愛

膚鹽樹本草謂之鹽麩子樹高四五尺狀如椶中心虛脆葉皆對生面青背白上有蟲結成五倍子可入藥用亦

可皂物

桑寄生生桑樹上與槲寄生相似葉圓而尖上有綢文色青而黃子如朱櫻味甘可食向來山中甚易得今則爲罕物矣

茯苓松之精液所成也故凡山之多松者皆出茯苓向來洪山松樹最多土人往往掘得或至棄擲今亦罕有矣

以上木屬

## 獸

虎狀似貓而大如牛黃質白章鋸牙鉤爪聲吼如雷風從而生格物論謂爲山獸之君

豹似虎而小白面圓頭毛淡黃而文黑文如連錢者曰金錢豹爲裘最美如艾葉者曰艾葉豹次之又一種小者毛淺無紋謂之土豹　鼎革之初山中人戶稀少虎豹羣行白晝中田地蕪沒人不敢耕私租公賦皆無所出鄉紳高啓時以告郡守及鎮將發兵捕逐數十里內獲虎十餘隻其患少息詳高氏關書後復熾至乾隆初尚多有

之邇來戶口日繁山林開墾虎豹遠跡道光甲申歐家垸一帶頗有虎患居民糾眾殺之乃止辛卯春又有豕豹爲災人被傷及死者甚眾至秋其患自止

鹿狀如馬駒牡者身大有角黃質白斑牝者身小無角黃白雜毛而無斑向來洪山多有自山林開墾遂絕跡矣

鹿夜宿大者環角外向小者居中謂之鹿寨鍾祥縣志雜紀載江同祖適郢州晚抵村驛驛人言鹿在前結寨即出觀之彌望數里巨鹿無數四環成圍以角向外凡數十重兩麑處中跳躍嬉戲民田相近者悉遭蹂踐獵

戶雜沓其旁皆不敢近詰旦始引去獵人操戈矢追隨之伺巨者行前稍遠乃敢擊其稺弱亦各有所獲而還郢距洪山南麓甚近故鹿之多如此

羊鹿鹿之小者角狀似羊故得羊名其鳴聲亦似羊

麂似麞而小牡者有短角色黑而黄脚矮力勁性善跳越其皮柔滑細膩爲用甚多

香麞乃麞之别種爾雅所謂麝父也山中人通謂之曰麞矣狀似麞而小黑色其香别有膜袋裹之香滿痛急則自剔出謂之生香然極難得李義山詩投巖麝自香蓋

謂此也
香髦一名靈貓山海經亶爰之山有獸焉狀似貍而有髦
其名曰類楚辭乘赤豹兮駕文貍皆此物也其文如豹
體作麝氣異物志謂其一體自爲陰陽未知然否其皮
亦可爲裘此上數物山中人今皆罕有矣
野貓狀似家貓而大毛色蒼黑好捕食雞鴨及鵝皮可爲
裘即爾雅之所謂貍也
果貍一名玉面貍土人謂之白眉果貍言其性玉面白眉
狀其形也秋冬山果成熟每於夜間登木採食食則喞

喞有聲如鼠之得食而歡者然人因尋聲取之亦或取之於穴肉豐腴而性補益一味可當縮泉丸山中珍產此爲最矣腊食糟食蒸食皆可其類亦有大小二種小者味尤勝

豬貛爾雅謂之貒狀如小豬毛色灰褐矮脚短尾圓頭尖喙肉極豐腴有類果貍但微帶土氣爲不及耳糟食腊食皆可

狐媚獸也形似狗尖鼻大尾皮中爲裘有青有黃黃者爲優李時珍謂其晝伏夜出然山中常於白日捕食雞鴨

不聞其以夜也

貉山中謂之狗貛狀如小犬尖喙小尾其毛深厚比狐較爲柔滑爲裘尤耐久服出茅草山中而向陽者多黄出櫟樹山中而向陰者多蒼亦與狐同洪山貉皮甚爲遠方所珍故有隨貉之名矣李時珍分貉與狗貛爲二謂貉與貛同穴而異處貉夜出捕食而貛隨之然洪山狐貉最盛遍問獵人質以目之所見並以狗貛爲貉無二種也豈他處有此二種而洪山獨否耶姑誌之以俟博訪

水獺狀如小狐毛色青黑短足長尾生溪澗潭窟及入家池堰之内捕魚甚捷

猴生深山巖洞中乾隆時山中甚多嘉慶時亦間有之秋冬之交黍豆成熟則羣聚採入洞中以充冬糧大爲山農之害今則山盡開墾此物遂成罕見矣

響鈴豬一名豪豬狀如小豕項脊上有粗鬣如筯行則相激成聲故有響鈴之名矣性好羣行害稼近來亦不多見

兔性趫捷善走取之多方惟以鷹擒之者山中人以爲樂

趣
田棒頭狀似貍而小短足尖喙大尾灰黑色居於竹林田隴之間好穿决田塍洩漏田水人捕得之其揺尾乞憐之狀令人慘怛之心油然生矣其皮可爲領袖未知於古籍所載爲何物也按李時珍本草綱目云一種似貓貍而絶小黄斑色居澤中食蟲鼠及草根其名曰㺚形狀與此相似不知即是物否姑誌之以俟博訪

松鼠一名貂鼠生巖洞中似家鼠而大黄黑色大尾亦有緝以爲裘者

豺狼屬也俗名豺狗其形似狗聲亦如之色黄褐微白後高於前體羸瘦而性殘賊喜食羊與犬豕鵝鴨亦攫人小兒羣行則健夫亦爲所噬羅願漫信俗傳謂狗爲豺舅故見狗則跪然山中嘗見豺之食犬者豈近來始無渭陽情耶無稽之言令人噴飯

狼大於豺毛色青蒼其腸直鳴則諸竅皆沸前高於後殘害比豺更猛性好獨行謂之獨狼豺狼二者山中自來多有此患土人謂之山荒然未有如辛卯及今甲午之甚者大人小兒被傷及爲所食者凡數十人蓬門華戶

至搏人於詹宇夜或攫人於市前此所未聞也貪殘之物本無足誌附載諸獸之末以紀災異云爾

鳥

鳥之類甚多誌其可識者十餘種

凡鴉鵲鵓鴿秧雞之屬亦不具錄

雉介鳥也形大如家雞雄者尾長文采爛然雌者尾短毛色斑駁而暗雄者性健好鬭取之者人蔽翳下以素馴之雉爲媒山雉見則來鬥因而弋獲之亦有不必以媒祇以火器取之者

斑鳩凡有數種大而斑如梨花點者謂之鷙斑小而灰色者謂之笋殼斑項下文如連珠者謂之珍珠斑又一種小而微紅者謂之火壺盧本草謂之黃褐侯並鳴於春夏之交而珍珠斑聲尤清亮可喜至秋則鷙斑三者聲

寂惟珍珠斑時復有聲宋掌禹錫謂黃褐侯至秋化爲斑鳩蓋以時惟珍珠斑在也若如此說則春時應候之珍珠斑是何物所化耶而犂斑笋殼斑此時又化爲何物耶亦可哂矣

布穀詩人謂之鳲鳩爾雅謂之鴶鵴或云即月令之鳴鳩形大如鴿蒼褐色穀雨後日夜飛鳴夏至則止爲勸農之鳥其聲若云閼倉撒穀所謂布穀催春種也其鳴聲繁以比人之多言者故馮衍逐婦書曰口如布穀

鵧鳩土人謂之黑鴐鵞渡又名鴐鵞犂爾雅所謂鵧鴾也狀如

燕而大黑色歧尾五更輒鳴曰架架格格至曙乃止農人以爲候古有催明之鳥名喚起者疑卽此也其名又爲批鵊唐盧多遜詩樹上諮諏批鵊鳥王介甫詩藉草聽批鵊皆詠此鳥性猛鷙能逐鷹鸇李時珍謂爲隼屬然物之相制難以意測燕微鳥而能制海東青非必燕亦隼屬也

鶯一名倉庚土人謂之黃鶯浪雌雄雙飛體毛金黃羽及尾黧色相間故又有黃鸝之名唐元宗呼爲金衣公子其聲清和圓轉詩人多喜詠之錢起詩云二月黃鸝飛

上林而洪山一帶春夏之交始聞鶯聲豈山中地氣之寒較長安爲甚耶未可解也

畫眉鳥狀似山雀而大蒼黄色兩頰白毛如眉生深谷中雄者善鳴健鬬其聲悠揚婉轉可聽好事者多籠畜之雌則不鳴不鬬無所取也

黄頭鳥之小而鷙者似麻雀而羽色黄潤土人謂之絲麻雀以籠畜之力健喜鬬鬥則兩翼相搧嘴啄脚扯有許多相角之態動人賞鑑

鸜鵒俗名八哥純黑色兩翼下有白毛一點頭上有幘冬

巢於樹穴取雛養之剪其舌能人言性聰慧昔山中人家有畜之數年者不須籠閉自然嫻習一日翔戲中庭有鷂突至八哥急呼主婦曰奶奶救命聲未畢鷂已攫之而去此與楊妃雪衣娘夜夢不詳之事頗相類觀此可見人物同情而介葛盧三犧皆用之説爲不誣彼以物類爲無知而忍於殘害者聞此亦宜爲之心惻矣

百舌一名反舌形如鴝鵒而小俗呼爲牛屎八哥春暖則鳴其聲圓滑可聽能反復肖百鳥之音故有反舌百舌等名夏至聲寂故月令紀仲夏之候曰反舌無聲

竹雞棲人家竹林中形如畫眉而差大性好啼每將曙則

羣噪飛鳴夜或有所驚觸亦然居人以爲候

脊令爾雅謂之雝渠大如鷃雀背上青灰色體毛黄緑腹

下白頸下黑如連錢飛則鳴行則摇尾與首應有手足

相救護意故詩人以況兄弟常棣章取義於行小宛章

取義於飛

鵓鴣二種相似大如雞雛短尾細頭晝伏夜飛人能以聲

呼取之又有以鷹擒之者本草謂有斑者爲鵓無斑者

爲鴣山中則通呼爲鵓鴣矣

桑扈俗名蠟嘴雀大如雊鴿蒼褐色有黄斑好食粱稻拔

扈類有九種皆以喙色聲音别之左氏傳九扈爲九農

正爾雅春扈鳻鶞夏扈竊玄秋扈竊藍冬扈竊黄桑扈

竊脂棘扈竊丹行扈唶唶宵扈嘖嘖是矣

巧婦一名鷦鷯狀似瓦雀而小灰色有斑於林木間聚毛

毳亂紙爲巢狀如小袋至爲精密繫以麻髪懸於樹上

陸璣以爲卽周頌所謂桃蟲翻飛爲鳥者也爾雅謂雄

爲鷦鴨爲鴂

練鵲似雊鴿而小黒褐色其尾拖長白毛如練帶亦有純

白及赤黃者張華以爲禽經之帶烏今俗呼爲拖白練

啄木鳥爾雅所謂鴷也背青腹紅短尾長脚好啄木食其中蠹嘴如錐長數寸舌長於咮其端有針刺啄得蠹以舌鈎出食之又一種大如鴉頭上有紅毛者謂之山啄木王元之詩云淮南啄木大如鴉頂似仙鶴堆丹砂即此也

魚　凡人家堰內所產不載特誌其異者一種

猧猧魚產白龍池及天生堰卽山海經所謂人魚爾雅之所謂鯢也似鰱魚而有四足能上山緣木人捕之呱呱有聲如兒啼故有猧猧魚之名矣北山經云決水多人魚狀如鯑魚四足音如嬰兒食之無癡疾中山經云休水多鯑魚狀如盩蜼而長距足白而對食者無蠱疾可以禦兵李時珍曰孩兒魚有二種生於江湖形色如鮎腹下翅形似足其顋頰軋軋如兒啼卽鯑魚也生澗溪中形聲皆同但能上樹乃鯢魚也又蜀志雅州西江峽谷

中出鯢魚似鮎有足能緣木聲如嬰兒可食按此說所
詳形狀皆與鯢魚無殊蓋一物而異名耳

大洪山志卷之十二

洪麓高福滂育亭纂輯　　南浣釋本嶷梭刊

## 雜識

事可類列者以類列之其不可以類列者以雜紀之事有典籍可徵者以典籍徵之其有流俗所傳雖無可徵而不可遺者以雜存之雜識者拾取緒餘以資多聞也昔歐陽子作五代史於仕非一國不可以一國繫之者列於雜傳而謂人入於雜誠君子之所羞予謂人以雜稱實爲可羞事以雜存不無可取譬之

揀金於沙淘之汰之安見雜之不爲純也哉

江夏洪山舊曰東山山下有寶通寺山半有寶通墖爲邑之巨觀唐寶歷時隨州大洪山釋慈忍禱雨斷足宋末隨數被兵荆湖制置使孟珙遷其衆奉所留佛足至此建寺居之遂沿呼爲洪山矣又河南許州洪山亦以隨之洪山得名至江西袁州福建福寧州洪山則以葛洪得名於慈忍無與也詳廣輿記輿地紀勝

隨州舊志落石山在城南百里俗云洪山祖師帶犬遊此犬立石上石斷墮山下至今溝中猶有犬跡存焉故名

狗跡嶺在城南七十里相傳洪山祖師經此嶺偶曬於道不知野火將及所帶犬入港胃水滅火狗跡尚存故名

隨州新志晃山一名曠山在城北一百八十里與太白山岡阜相連山麓有延福禪院相傳爲慈忍師修道之所

廻道山與晃山相連山徑紆廻俗傳慈忍禪師過此苦其阻因以足蹴山頂頂爲之偏今石上猶存巨人跡

崢嶸山在州城西北衆峯圍拱中有普濟寺碑稱寺爲唐慈忍大師建盤基宏曠

京山縣志寶香山在縣南九十里舊傳慈忍過此手葜巽

香故名

應城縣志雜誌邑東北伍家山麓柏林寺内有白龍井相傳唐僧善信自大洪山追白龍至此以袈裟覆之龍入地成井歲旱禱之輒應

廣輿記安陸府山川門云花山在府城東舊傳靈濟祖師過此百草皆花　按鍾祥京山皆有花山兩縣志並載此事以上靈濟遺蹟

廣輿記鄭獬字毅夫安陸人嘗病傷寒夢化爲龍浴於池内聞池上人呼曰白龍翁來矣今大洪山南有白龍池即其地

一統志鄭建中安陸人貲鏹巨萬兩載餞茸客舍寒鶴舍紳次子獬皇祐五年舉進士第一初病傷寒忽夢化爲龍浴於大洪山之南池中聞池上人呼曰白龍翁來及覺猶自見其尾曳於牀第

鍾祥縣志雜紀宋鄭獬字毅夫仁宗策士焚香祝天願得忠孝狀元唱名乃獬也微時夢浴山池中臂生白鱗祝水影頭已出角有吏曰此玉龍池也三書載夢浴事詳畧互異

歐陽日華廬陵人爲隨州推官大洪山奇峯寺聚僧數百轉運使疑其積物之多命公往籍之僧以千金餽公公

笑曰吾安用此然汝能聽我言乎今歲大凶汝有積穀六七萬石能盡輸官而賑民則吾不籍汝僧喜曰諾饑民賴以全活　歐陽文忠公文集

袁燮代其叔父章作先兄行狀云先兄諱文字質甫明之鄞人也先君從大父守隨無子禱於大洪山之神夜夢神告曰與汝二子是生先兄及章　袁潔齋文集

大洪山人李遥殺人亡命踰年而至秭歸出市一杖於肆秭歸有被殺者求賊甚急其子見遥杖曰非吾父物乎愬之官執遥而驗之信榜掠備至遥實購之而不得其主

卒莫自明官窮詰弗可隱而大洪山之犯遂淺洪予曰

世人多矣遐適值之及其隱匿可怪也夫 沈括筆談

德安府志順治三年犀見於大洪山北

隨州志黑龍池在大洪山北洞水極深內有一青蛇出見不時旱禱有應 愚按淮南子犧牛騂毛宜於廟牲其於致雨不若黑蜧注云黑蜧黑蛇也潛於神泉能致雲雨志所載青蛇或即此物

鍾祥縣志嘉靖三十六年大洪山仙人洞芝草生、

宋祁益州方物畧云鮒魚出西山溪谷及雅江狀如鯢有

足能緣木聲如小兒啼白龍池所産俗名娲娲魚者與此正同以上摭拾古籍

乾隆時長河店有馮姓老人釣於白龍池見一蟾蜍大如斗從水面潑剌而來近岸口吐一物大如雞子黄光芒四射每一吐二三尺遠旋復吸之老人怖甚呼曰洪山祖師救我久之其物乃去聞之鄰畚庵

白龍池當春夏煙雨中嘗見有物如一團黑氣自池中騰起淩空須臾不見或以爲龍　又將雨池中輒有奇雲一縷裊裊而上須臾彌漫空中二條聞之土人

山頂三鐵釜各容數十斛色黝黑無剥蝕處一在硨巖距寺南二百餘步二列靈峯寺門首隨郢人謂釜口所向歲必豐每年謁神時往往數百人爭鬥僧瘞其半鎮以巨石乃止聞青州城外古寺爲孟嘗君故宅亦有此釜二相傳當日爲炊以食三千客者當唐宋時洪山道場之盛僧至千百餘人此釜蓋亦其類何神異之有哉

嘉慶時山農於懸鈎山麓掘出石室一間高丈許徑六七尺其形八稜頂如亭笠中設蓮座門上刻鏤神像極工有樞可啟閉門外石人馬各二前有石甬壁或以爲高

僧静修之所或以爲瘗骨之處

道光三年山中人掘地於馬鬃嶺下得火器數十枚形圓如甕係生鐵鑄成大者重二十餘斤小者十餘斤不等其中砲藥及鉛彈子猶有存者不知何年所遺蓋地雷之屬也又有物如鐵鐳重一二十斤中有孔可以穿繩想亦當年所製爲守寨之用者予聞而求之皆被碎以易農器矣又山農徐國柱掘得一印徑二寸許財以銅匣予欲驗其文亦云被毀

豬龍陂東南半里隴上有石器狀如馬槽高廣二尺許几

四五具連亘田首不知何用相傳昔年地有神馬爲害春夏之間槽中若不日實以草禾稼或遭踐蹋未知果然否也

龍耳山在山麓東南三十里山上破廟三楹乾隆時有二道士來棲其中一老者狀貌魁梧鬚髮皓白問其姓名鄉貫皆不答終日趺坐或見其出遊山外及入廟視之則依然瞑目趺坐也或三四日不飲啖啖則可盡七八升小者喜遊市廛嘗語人曰吾有戲術試與一觀因疊石爲陣曲折盡致以諸畜置其中四面窺突終莫能越

須道士引之乃得出識者曰此八陣遺法也老者知之輒加誚讓少者憨笑如故無何少者去老者獨居半月餘亦去山下農民朱某於其所居掘得書一卷劍一具書皆符咒之屬某行其術治病頗效一日累棹爲高壇壇上置淨水三盂披髮誦咒雷神忽至以三盂投之不退朱旋震死其母遂焚其書埋其劍　以上紀錄異聞

仙人洞前山之麓有小池清澈無物其水不竭不溢或七八年或十餘年忽然暴湧於潮有鰕魚隨水流出不知果何神異也

# 大洪山舊志

舊志共五卷此其首卷也其二三四卷皆爲藝文五卷爲景圖藝文及題詠景圖之詩已錄其可者纂入新志首卷五篇附載於此以存其梗概

洪山釋萬慈體忍採輯

## 星野

趙如閂

史記云翼軫荆州晉書云南陽入翼十六度隨州古南陽也至天下山河之象存乎兩戒發自唐僧一行其述南戒自上洛南逾江漢攜武當荆山至於衡陽是爲南紀

如閂曰予仰觀天文山當屬翼分細察伏地透遞從武

當來位在雲漢之陽然河洛篇陪尾西方之宿春秋緯
文耀鉤陪尾屬搖星則此山去陪尾弗逺又不得專以
翼軫占之

山川

山在禹貢荆州之域綿亘屈折逼周禮職方荆豫潁湛
之浸漢桑欽水經溳水出蔡陽縣東南逕隨縣西後魏
酈道元注溳水出縣東南大洪山山在隨郡之西南竟
陵之東北綿基所跨廣圓一百里峯曰縣鈎處平縣衆
阜之中爲諸嶺之秀山下有石門夾鄣層峻巖高皆數

百仞入石門又得鍾乳穴穴上素崖壁立非人迹所及穴中多鍾乳凝膏下垂望齊氷雪微津細液滴瀝不斷幽穴潛遠行者不及窮深而穴內常有風勢火無能以經久故也湞水出於其陰初流淺狹遠乃廣厚可以浮舟栰巨川矣時人以湞水所導故亦謂之爲湞山矣湞水東北流合石水石水出大洪山東北流注於湞謂之小湞水湞水又東均水注之水出洪山東北流逕土山北又東北流入於湞水湞水又會於枝水水源亦出大洪山而東流注於湞如咼曰漢東山縣矣于自隨水右

壤行蔡陽抵厲山過九十九崗林藿綿濛而嵒亭結搆於兹登其巔四眺巑岏內方窈窕濱帶西南陪尾杳冥横捶東北盧屈河坻山不可見大陽若拱而揖焉嶾嶙峭千雲四面隴絶天封地鎖以開神人獨怪酈氏每每佛地大林重閣或坐禪石窟泥洹塔影一一善寫且繪風泉傳響於青林之下巖猿流聲於白雲之上如脩脩釋子眇眇禪栖雋語玅出於此祗述峰岫合沓川流衍長蓋尊者之闢道場在唐太和中而道元後魏人也石門中乳穴黃仙洞是內有石窟藏古鐙錠欲爇火尋之

時聞祇聲飛大蝙蝠拂人傳昔年道者秉燭入遊數日而出乃在隨州是猶夷陵洞庭君山石穴潛通漢中吳之包山也衆阜諸嶺則大明一統所紀佛見嶺鵝子山斷足崖皆是峭崿少得逼步但見火爐壇龕乃前朝塞柵遺蹟神靈所栖可辟兵革五代宋元來已然功豈在五嶽下哉雖善辟兵懷鑄圓天符三寸鏡帶壽三千歲五月之望丹書八字蟾不遯名山佩真形呼山精姑名未能無害也惟此奇峯霞舉孤標秀出樹震旦之儀範自洞天福地在吾楚者洞庭之林屋湘潭之玉笥辰州

之大酉當陽之紫蓋長沙之鷲羊桃源之綠蘿武陵之德山仙伯所治扳蘿捫葛以梯騰全浙寧有過於是乎

## 物産

大洪山在伯暨山海經名山五千三百七十之外禹貢隋山叙祇陪尾者逕江漢沱潛之水道也即出銅之山四百六十七出鐵之山三千六百九十皆不數焉太史公貨殖傳三楚雲夢之饒竹穀纑漆絲不及此似言財用者歲縣去之然左氏傳漢東之國隨爲大國語隨當成周閒楚得隨唐而蔡鄭始懼嵯峨大洪豈非所謂山

高尋雲谿肆無景耶但非寘阨鄧林修畛必控險阻天
生龍湫鴈宕爲諸詎那會尊者化都山水清奥藥草多民
韶州曹溪百七十年先泛舶水口聞香掬味知當演無
上法實水土殊也滇水亦然周攬合沓蔚蔚森森雖盤
紆幽深而草葉蛸翹磅礴布護約畧舉似卉有薜荔蘭
蕙杜蘅荃蓀蒟芷留夷萱莎芭蕉葛藟蒿荻蔓茅菉葹
木有松柏桐竹椿楸槐楝樅楊楓香榆柳桑柘栩梓楠
杉榛櫟檀椒樗荆棫椰檞苍有迎春木蘭素馨山丹芍
藥瑞香木槿海棠紫荆薔薇菊蕨有莧陸蓼藜蘇薑茄

堇昔藷芋萵苣蕪荑蔓菁荼薺芥瓠瓜葖䪥菘韭芸葵蕨薇果蔬有桃梅杏棣柰柑橙梨柿石榴枇杷楠栗銀杏谷桃蒲萄橘柑藥有柴胡豨薟菖蒲黄芩茯苓石斛杜仲茱萸細辛蒼耳葶藶桔梗半夏皂莢藁本遠志覆盆子芎藭厚朴枸杞山楂兎絲藎五加黄精水經注藥食延年萃于參上弗知兹近神農故鄉不遠十巫百藥靈山也鳥有鶯燕鳶鵲鷹鷄鷗鷺白鷳鳩鴿鶉鷃鴉鴒鴻鴈鷓鴣伯勞鸜鵒鸛鴿鵜鶘鶡旦獸有麋鹿狼兎狐狸猨猴竹鼬飛鼯蟲有蜻蛉胡蝶蜘蛛蟋蟀螻蟈蟻蚳

蝘蜩螺蠃蜥蜴蝘蜓螳蜋螢蠅蚊蟎蠶蟬蠹蟥蠐螬蛸
牛蝦蟆鱗介則有魚鼈龜蛇螺螄蛤蚌蝦蟹蚶子水之
芙蕖菱芰藻蒻蕁荇菰蔣莕蓉芹萍苔藫色亂江湖如
罽曰大哉淇山隋陽之英呂雄椒也風日蘊結石氣多
力林木鬱茂真阿蘭若予囊抱白犬謁山靈希遇天神
貴客賜我靈芝之奈命如嵇康有志不就避亂正三月瞻
風馥藻崖蜂羣飛笑仲殊檀越頗多儒高士隱鍊于此
茯苓白蜜不須勑賜服餌矣嗟呼是時寇盜南奔江漢
汝瀆之民竄匿山谷饑無蒯草子米屑如珠宛迨遝駢

藉過於黄巢之亂士人賣餅自業者而繞麓澗提長鑱掘黄獨支石釜煑澤瀉山蹢男女存活萬人媪神之賑䘏也視之少室銅銚出於靈藪自然五穀給食躭立保全孰濶狹也哉

靈異

禮山川能出雲爲風雨見怪物則祭之自有宇宙已有此奇山當洪波所注瀰漫雲頹二龍鬬崖以代鼈令之鑿蕩濤止洞湝殺人跡裁交煙籠霧照色老鴻濛虎豹所栖豺狼所嗥若不得大士滐川鏟阜山開佛國響法

鼓乎綿邈結精廬於雲霄雖怪石嵌硿百丈神泉瀉磴千仞仙洞靈湫之陰通地道亦莠茸棘翳寘緬已矣故張五陵未施之先湖水南落大洪之名厥初莫攷迨夫士五臺山來歲旱鄒羊豕之禱援蘿騰崟寘功巖穴雷雨大作武陵創建精舍既且捨身飼龍截膝入滅四衆哀慕稱曰佛足狀聞賜號慈忍額院幽濟事始唐太和中繼更加號靈濟越晉天福改奇峯寺宋元豐改靈峯寺紹聖又改律寺爲禪院元明辰今稱萬壽寺觀天覺丞相所賦顯應閻浮古佛再來述其示化之迹傳千尋

澗盤石竹瓔珞杉實珠峯指昔年敷草坐禪浴水洗鉢之處而猪龍陂足跡石以點化尤卓絶乃重崖倒影磎澗磵跏趺觀瀑望山椒素湍幅練若霏眞可坐而化矣而俗競禱靈獲驗在三龍湫傳在頂爲長中央之正潛聞崖上磬說佛咒變幻蜿蜒如小蠹魚或狀亂蠶蠋學蜥蜴升入瓶鉢亢暘得一滴矯矯揚鬐登立雲而屑雨四布歸蟠螾泥林木不振山下池白龍所伏傳通江海曩入犍爲牂牁夜郎所募楝橑榱桷悉洸之青衣嘉陵江漏出池澳且海魚鰨鱅恒游泳水涯每大風澎鼎之

音起江豚海豬出沒其中傳舊漂浮敗船有蒼梧番禺字様亦鑿烏山之石得武昌之船淘益州之井出綿竹之錢地脈之説不誣故大士樂秀詠流泉詩曰有時歲旱從龍出化作甘霖雨九州夫惟八寅八澤之雲是雨九州神化無方兒水身中與浮幢王刹諸香水海等無差別故隋時顯仁藏用招太極之清泉以與稼穡之穀也且峯頂觱沸叢林啜之不濫結柵爭汲不耗奇三昔釜不餳不烹色幹古於當陽玉泉之鐵塔鑊刑器雖於夸父追日石支之隅雖千牛輓莫陟冢傳昔首戴脇挾

不啻盆盎自蜀棧閣巴峽飛來猶月氏佛鉢八象不牽

陀衛香華一把便滿智空罔窮大覺難測非智慧自在

神通之力而何若宋孟珙函捧佛足至江夏爲鄂州之

洪山元世祖燕都護送還山留河南爲許州之洪山皆

隋方顯應如聞曰隨州鄂州許州第二月也妙湛圓足

體用如如白無是月非月苟取列子化人幻喻是以標

指爲明月者也

源流　　洪山釋萬慈體忍述

逆遡其源莫知其始諦觀其流莫知其止若夫大通座

點之刼波威音那畔之陽春我釋迦老子縱四十九年饒舌肯全逗漏了乎所以初生時九地爲乳母親持不見頂是以華嚴座千丈之舍那法現丈六之比丘雖科分信解行證開示悟入無非爲一大事因緣而已到拈花一笑把箇破砂盆落地虀碎涅槃妙心付囑有在自雙林入滅竺乾推金色老迦葉爲第一祖寥寥數千載二十八祖忍竣不得始來東土直指人心見性成佛是大遁時也一言不契折葦渡江九載面壁安心法竟即我東土傳燈之始祖焉而大洪山真西來少林正法眼

藏開山慈忍大士從馬祖道一禪師密傳心印盡於一顆澄潭月萬川象在天一偈謬者參差截足餉龍雲端聳立然則神光斷臂尚不得髓而竺乾尸羅投餧餓虎忉利天下三道寶階皆非耶異哉盧祖翁語佛法從南嶽邊去馬駒踏殺天下人青原米價曹洞承之咄咄五世大陽不傳屬託浮山針芥投子又大洪禪燈之伊始要律爲禪者恩公付大陽衣履則老人芙蓉提振祖令禮華嚴花開臺十三年梓桐異人宗風傑入寂竪指襯明月一輪在天慧照圓明悟牧蚍大因緣遠及丁巷更

綿延曹谿一滴耶百川皆塵外摩尼國之法器也若夫名藍蕪而復新靈濟法席不墜源深流遠代不乏人棟梁瞿曇徹宗洎古燈恒菴顧力欲調南泉之牯犢百丈之餤五燈并照二桂聯芳香於九畹蘭百畝蕙也況乎天台賢首傍敲正打清凉火宅指示衣珠庶幾免乞屆於三界窮途受焦頭爛額之苦矣派雖有差歸源無二禪林一史詎可無書乎

按此五篇閱之多難成句雖二公文意艱澀亦由付雕時失於校對板本多誤故也　甲午孟夏編錄既竣高青亭書

大洪山志

卷十一

十五

# 大洪山賦

德安郡守 相國范公 宋張商英 天覺

夫大湖山者積古至今也迢迢幽遠步步難移仰觀如梵天之鏡俯視似極樂之鄉巍巍峯頂嵯嵯林巒勝清涼金色世界壓峩嵋銀銅聖宮寶靈濟之顯迹乃慈忍之神化未登者聞說而心喜不盡會到者悲歎而讚歎無休屹嶇坡嶺峒澗峯巔若知此山隨州之南郢郡之東師因五臺而遊錫住大湖之境千聖隨行三龍引路神通包就沙界道德普蓋乾坤顯應閻浮救度群生四海龍王獻供百川神祇來迎是何之聖古佛再來舉步則毫光萬道威座則

徧地天花居翠綠之萬仞坐峯巒之千尋行行寶樹對對珊瑚無一處不是聖居徧林間乃住龍宮初到汝樂秀山後從銅頂之湖師玩此境可安居北看七星如眼底南見大海過十洲

按張公此篇徧覽古賦中並無此體且並不知其爲何諦大畧釋家課誦讚歎之辭篤名於天覺耳天覺入品雖無可取而古今知名後世聞其有大洪山賦而新志佚之必有浩然興遺珠之歎者故附載於後以見甄別之私云凡舊志所載如此類者概從澄汰